Hermann Schmid

Abecedarium

Lexikon – Grammatik
Latein

Ernst Klett Schulbuchverlag Leipzig
Leipzig Stuttgart Düsseldorf

Abecedarium
Lexikon-Grammatik Latein

von OStD Hermann Schmid, Ditzingen

Abecedarium ist Bestandteil des Lehrgangs
Lingua Latina »ex efef« – Intensivkurs Latinum
und kann auch zusammen mit anderen Lehrwerken benutzt werden.

Der Lehrgang *Lingua Latina »ex efef«* besteht aus:

Lehr- und Arbeitsbuch	(Klettbuch 62511)
Wortverzeichnis	(Klettbuch 62515)
Lektüreheft Caesar	(Klettbuch 62512)
Lektüreheft Cicero	(Klettbuch 62513)
Abecedarium – Lexikon-Grammatik Latein	(Klettbuch 62514)

Gedruckt auf Recyclingpapier,
hergestellt aus 100 % Altpapier.

1. Auflage 1 9 8 7 6 | 2005 2004

Alle Drucke dieser Auflage können im Unterricht nebeneinander benutzt werden, sie sind untereinander unverändert. Die letzte Zahl bezeichnet das Jahr dieses Druckes.

Internetadresse: http://www.klett-verlag.de

Redaktion: Dr. Helmut Schareika

Umschlag: Manfred Muraro, Stuttgart
Satz: DTP Page-Maker
Druck: Gutmann + Co. GmbH, Talheim

ISBN 3-12-625140-4

Hinweise zur Lexikon-Grammatik

Diese Lexikon-Grammatik enthält die wichtigsten grammatischen Erscheinungen der lateinischen Sprache, deren Kenntnis für eine Lektüre von Cicero und Caesar unbedingt erforderlich ist.

Das Besondere daran ist: die grammatischen Erscheinungen sind nicht nach Sachgruppen gegliedert, sondern werden für ein problemloses und schnelleres Auffinden alphabetisch aneinandergereiht. Auf je einer Seite wird in knapper, aber doch zum jeweiligen Thema ausreichender Weise jeweils eine einzige grammatische Erscheinung übersichtlich behandelt.

Wo es erforderlich erscheint, wird durch Hinweis-Pfeile auf grammatische Erscheinungen aufmerksam gemacht, die als Ergänzung bzw. dem Verständnis des auf dieser Seite behandelten Grammatikstoffes dienen könnten: z. B. ➛ P 76 verweist auf den Buchstaben P Seite 76.

Die Lexikon-Grammatik ist als Begleitgrammatik zum Lehrbuch *Lingua Latina »ex efef« – Intensivkurs Latinum* gedacht, kann aber auch unabhängig von diesem Lehrbuch im Unterricht oder zum Selbststudium verwendet werden.

Hinweise zur Handhabung

Alle Se:ten haben eine einheitliche Gestaltung der Überschriften-Leiste:

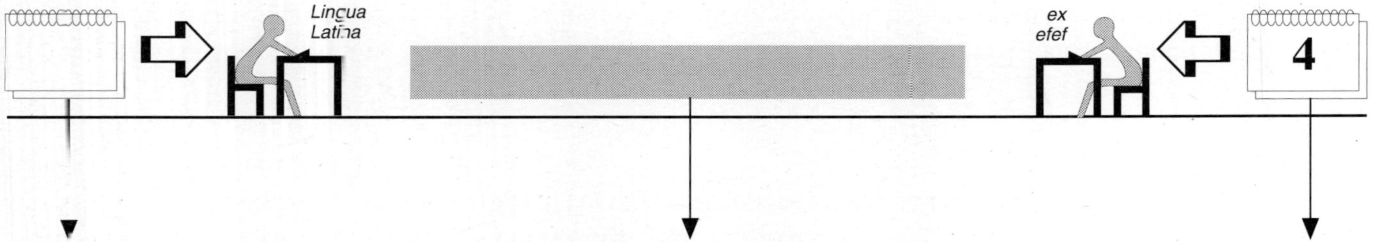

Inhaltsübersicht (alphabetisch): Seite 5

Inhaltsübersicht (nach Sachgebieten): Seite 103

Inhaltsübersicht (alphabetisch)

Inhaltsübersicht (alphabetisch)

Ablativ: Funktionen

Der Ablativ steht mit oder ohne Präpositionen (➛ P 76), in ihm sind drei ursprünglich selbständige Kasus verschmolzen:

I. Kasus des Hilfsmittels und der Begleitung: ablativus instrumentalis / sociativus

1. ablativus **instrumentalis**:	Hilfsmittel	➪	verbis laedere: durch Worte verletzen
2. ablativus **modi**:	Begleitumstand	➪	casu: durch Zufall; lacrimis: unter Tränen
3. ablativus **causae**:	Grund	➪	perterritus timore: (aufgrund von) aus Angst verwirrt
4. ablativus **limitationis**:	„Eingrenzung“ – „hinsichtlich“	➪	par esse prudentia: ebenbürtig sein an Klugheit
5. ablativus **differentiae**:	Unterschieds-Grad (bei Komparativen)	➪	dimidio minor: um die Hälfte kleiner
6. ablativus **pretii**:	Preis / Kosten bei „Finanz-Verben“	➪	decem sestertiis vendere: für 10 Sesterzen verkaufen
7. ablativus **qualitatis**:	körperliche / geistige Eigenschaft	➪	magna prudentia erat: er / sie war von großer Klugheit
8. **als Objekt**:	an bestimmte Verben gebunden	➪	uti – frui – fungi – vesci – potiri – niti – opus est
9. **bei Adjektiven**:	an bestimmte Adjektive gebunden	➪	dignus / indignus – contentus – assuetus – fretus u.a.

II. Kasus der Trennung (Ausgangspunkt einer Trennung): ablativus separativus

1. ablativus **separativus**	Ausdrücke der Trennung	➪	loco cedere: von der Stelle weichen
2. ablativus **originis**:	„Herkunft“ bei natus und ortus	➪	patre divite natus: von einem reichen Vater abstammend
3. ablativus **comparationis**:	Ausgangspunkt des Vergleichs	➪	melle dulcior: süßer als Honig
4. **Ortsnamen im Ablativ**:	Ausgangspunkt einer Bewegung	➪	Athenis: aus Athen; Roma: aus Rom (siehe ➛ O 68)

III. Kasus des Orts und des Zeitpunkts: ablativus locativus / temporis

1. ablativus **locativus**:	a) in Verbindung mit Präpositionen	➪	in oppido: in der Stadt; sub arbore: unter dem Baum
	b) Städte, kleine Inseln	➪	Athenis, Carthagine (siehe ➛ O 68)
	aber Lokativ-Endung -i	➪	Corinthi, Romae (sprich: Roma-i)
	c) in Verbindung mit locus und totus	➪	hoc loco: an dieser Stelle; tota urbe: in der ganzen Stadt
2. ablativus **temporis**:	Zeitpunkt auf die Frage „wann?“	➪	eo anno: in diesem Jahr; decem diebus: in zehn Tagen

Ablativus absolutus: abl. abs.

Der Ablativus absolutus (abl. abs.) ist ein „Satz im Satz“, d. h. ein eigenständiges Informationszentrum (➛ S 83).

➤ **Subjekt:** **Nomen im Ablativ** „losgelöst = absolutus“, ohne funktionale Verbindung zu den übrigen Satzelementen, d. h. ohne weitere grammatische Funktion innerhalb seines Basis-Satzes (vgl. ➛ p. c.: P 70).

➤ **Prädikat:** **Partizip im Ablativ** (Genus-Numerus-Übereinstimmung mit dem Nomen im Ablativ)

➤ **Zeitverhältnisse:**
Gleichzeitigkeit (➛ Z 101): Partizip der Gleichzeitigkeit
Vorzeitigkeit (➛ Z 101): Partizip der Vorzeitigkeit

➤ **Wiedergabe:**
Caesar ***vicis incensis*** se recepit ***suis monentibus*** ...
Parenthese: Caesar – Dörfer waren angezündet worden – zog sich zurück – seine Leute mahnten dazu.
Neben-Satz: Caesar zog sich zurück, als Dörfer angezündet waren, wobei seine Leute dazu mahnten.
Haupt-Satz: Dörfer waren angezündet worden. Nun zog C. sich zurück. Seine Leute mahnten dazu.

➤ **Erweiterungen:** Wie jedes Informationszentrum kann der abl. abs. erweitert werden durch attributive und prädikative **Additiva** (➛ A 10)

➤ **Nominaler abl. abs.:**
Das Prädikat besteht aus einem Nomen (Substantiv oder Adjektiv)
Catilina ***Cicerone consule*** coniurationem fecit.
Catilina machte – Cicero war Konsul – eine Verschwörung. Catilina machte, als Cicero Konsul war, eine Verschwörung. Catilina machte im Konsulat des Cicero eine Verschwörung.
Patre invito iter fecimus: Wir machten – der Vater war dagegen – eine Reise. Wir machten eine Reise, obwohl der Vater dagegen war. Wir machten gegen den Willen des Vaters eine Reise.

Accusativus cum infinitivo: AcI

Der AcI ist (wie das p. c. ➛ P 70 und der abl. abs. ➛ A 8) **ein „Satz im Satz", d. h. ein eigenständiges Informationszentrum** (➛ S 83); **vgl. dagegen den Solitär-Infinitiv** (➛ S 84).

➤ **Subjekt:**	**Nomen im Akkusativ**	
➤ **Prädikat:**	**Infinitiv**	
➤ **Zeitverhältnisse:**	**Gleichzeitigkeit (➛ Z 101):**	➪ Infinitiv der Gleichzeitigkeit
	Vorzeitigkeit (➛ Z 101):	➪ Infinitiv der Vorzeitigkeit
	Nachzeitigkeit (➛ Z 101):	➪ Infinitiv der Nachzeitigkeit
➤ **Funktionen des AcI:**	**Objekt** bei Verben des Sagens, Meinens, der geistigen und sinnlichen Wahrnehmung **Subjekt** bei unpersönlichen Ausdrücken wie z. B. constat: es steht fest	
➤ **Wiedergabe:**	Neben-Satz mit „daß":	➪ Puto ***te errare*** (Ich glaube, **daß** du dich irrst).
➤ **Erweiterungen:**	Wie jedes Informationszentrum kann der AcI erweitert werden durch attributive und prädikative Additiva (➛ A 10).	
➤ **AcI und ut-Satz:**	**AcI:** Tatsache, Faktum	➪ Scribis ***te aegrotare*** (Du schreibst, du seiest krank).
	ut-Satz: Wunsch, Begehren	➪ Scribis, ***ut veniam*** (Du schreibst, ich solle kommen).
➤ **Pronomen im AcI:**	**Reflexivpronomen**: AcI-Subjekt ist identisch mit Basis-Satz-Subjekt **Demonstrativpronomen:** AcI-Subjekt ist nicht identisch mit Basis-Satz-Subjekt	
		➪ Amicus ***se*** *non errare* dicit. Putamus ***eum*** *errare.* Der Freund sagt, er irre sich nicht. Wir glauben allerdings, daß er sich irrt.

Additivum: ergänzende Information

Ein Informationszentrum (= der kleinstmögliche „Satz" ➛ S 83) besteht aus

- **Subjekt:** Mittelpunkt des (aktiven oder passiven) Handlungsgeschehens
- **Prädikat:** aktives oder passives Handlungsgeschehen (Genera Verbi ➛ G 34)

Ein Informationszentrum wird erweitert durch

- **Additiva, d. h. durch erläuternde, ergänzende Informationen.**

adnominale Additiva: Zusatzinformationen zu einem Nomen:

- Substantiv im Genitiv: ➛ G 35
- Adjektiv: ➛ A 12
- Relativsatz: ➛ R 82

adverbiale Additiva: Zusatzinformationen zum Prädikat, z. B. Ziel, Grund, Zweck, Folge, Zeit, Ort.:

- Adverbien (hier, heute ...): ➛ A 13
- Nomen in einem Kasus: ➛ K 50
- Präpositional-Block: ➛ P 76
- Prädikatives Nomen: ➛ N 65
- Nebensatz: ➛ S 87

a-Deklination

Singular		Plural
flamm-**a**	Nom	flamm-**ae**
flamm-**ae**	Gen	flamm-**arum**
flamm-**ae**	Dat	flamm-**is**
flamm-**am**	Akk	flamm-**as**
flamm-**a**	Abl	flamm-**is**

Substantive der a-Deklination sind

- **femininum (grammatisches Geschlecht)**
  - ⇨ flamma, flammae f.: Flamme
- **masculinum (biologisches Geschlecht)**
  - ⇨ incola, incolae m. und f.: Einwohner
  - ⇨ pirata, piratae m.: Seeräuber

Adjektive

Das Adjektiv hat eine Kasus-Numerus-Genus-Übereinstimmung mit seinem Bezugswort, das es näher kennzeichnet oder charakterisiert. Die Deklinationszugehörigkeit des Adjektivs hängt nicht von der Deklinationszugehörigkeit seines Bezugswortes ab. Entscheidend für seine Deklination ist das Genus (Geschlecht) seines Bezugswortes.

➤ **Adjektive der a- und o-Deklination auf -us, -a, -um oder -er, -a, -um:**

⇨ magnus, magna, magnum: groß
pulcher, pulchra, pulchrum: schön

Substantiv m.: Adjektiv dekliniert wie Substantiv auf -us oder -er
⇨ magni honores: große Ehren (Nom. Pl.)
pulchro homini: einem schönen Menschen (Dat. Sing.)

Substantiv f.: Adjektiv dekliniert wie Substantiv auf -a
⇨ arbores pulchras: schönen Bäume (Akk. Pl.)

Substantiv n.: Adjektiv dekliniert wie Substantiv auf -um
⇨ nomen clarum: ein berühmter name (Nom. / Akk. Sing.)

➤ **Adjektive der i-Deklination mit:**

einer Endung im Nom. Sing. ⇨ prudens vir – prudens femina – prudens consilium
zwei Endungen im Nom. Sing. ⇨ nobilis vir – nobilis femina – nobile genus
drei Endungen im Nom. Sing. ⇨ celeber vir – celebris femina – celebre oppidum

Die Deklination der drei Gruppen ist dieselbe, die Unterscheidung in Adjektive mit einer Endung, zwei oder drei Endungen gilt nur für den Nominativ Singular.

m. und f.	n.		m. und f.	n.
nobilis	nobile	Nom	nobiles	nobilia
nobilis		Gen	nobilium	
nobili		Dat	nobilibus	
nobilem	nobile	Akk	nobiles	nobilia
nobili		Abl	nobilibus	

➤ **Adjektive der konsonantischen Deklination: wenige Adjektive, z. B. (dekliniert nach der kons. Deklination siehe ➤ K 57)**

⇨ dives, divitis: reich — pauper, pauperis: arm
vetus, veteris: alt — particeps, participis: teilhaftig

Adverbien

Adverbien geben zu einem Verb eine nähere Erläuterung: Art und Weise des Handelns, Ort, Zeit etc.

➤ **Einzelwörter:**	unveränderlich	➪ hodie: heute; saepe: oft; ibi: dort; eo: dorthin
➤ **Adverb-Form der Adjektive:**	Das Adjektiv beschreibt ein Nomen:	➪ avis pulchra est: der Vogel ist schön
	Das Adverb nennt das „Wie“ eines Tuns:	➪ avis pulchre cantat: der Vogel singt schön (das Singen ist schön, der Vogel kann häßlich sein!)
regelmäßige Bildung:	-e bei Adjektiven der a- / o-Deklination	➪ clarus, clara, clarum – Adverb: clare pulcher, pulchra, pulchrum – Adverb: pulchre
	-iter bei Adjektiven der i-Deklination	➪ fortis, forte – Adverb: fortiter celer, celeris, celere – Adverb: celeriter
Ausnahmen:	Adjektive der i-Deklination mit Stamm auf -nt verkürzen die Endung auf -er	➪ vehemens, vehementis – Adverb: vehementer prudens, prudentis – Adverb: prudenter
	Einzelabweichungen	➪ bonus, bona, bonum – Adverb: bene audax, audacis – Adverb: audacter facilis, facile – Adverb: facile difficilis, difficile – Adverb: difficulter
	Adverbbildung auf -o (wird im Wortverzeichnis miterwähnt)	➪ rarus, rara, rarum – Adverb: raro
➤ **Steigerung der Adverbien:**	Komparativ -ius (= Neutrum-Form)	➪ citius – altius – fortius: „schneller – höher – weiter“ saepius: öfters
	Superlativ -e statt us	➪ celerrime: am schnellsten

Adversativ-Additiva

Adversativ-Additiva sind

➤ **Zusatzinformationen, die einen Gegensatz oder eine Gegenüberstellung enthalten.**

➤ **Konjunktionen:**
- **autem, vero** (nachgestellt): aber
- **ceterum:** übrigens, aber, doch
- **sed, verum:** aber, sondern
- **at:** dagegen, andererseits
- **atqui:** und doch, aber doch
- **contra:** dagegen, andererseits
- **immo:** vielmehr

➤ **Subjunktionen:**
- **cum** (mit Konjunktiv verbunden): während dagegen (cum adversativum: vergleichender Gegensatz)
  - ➪ ambulatis, cum laboremus: ihr geht spazieren, während wir dagegen arbeiten

➤ **Präpositionen:**
- **contra** (m. Akk.): gegen, gegenüber
  - ➪ contra ea: im Gegensatz dazu, dagegen

Der Akkusativ ist der Kasus des Ziels, der Richtung, der räumlichen und zeitlichen Ausdehnung.

➤ **Ziel einer Handlung :**	direkt betroffenes oder hervorgebrachtes Objekt bei transitiven Verben	➪ te non laedo: ich verletze dich nicht librum scribit: er schreibt ein Buch
➤ **„Reise-Ziel“:**	Städte und kleine Inseln auf die Frage „wohin?“ (ohne Präposition)	➪ Athenas: nach Athen; Romam: nach Rom
➤ **Doppel-Akkusativ:**	der Person und der Sache	➪ vos linguam Latinam doceo: ich lehre euch Latein id te rogo: darum bitte ich dich id vos non celamus: dies verheimlichen wir euch nicht
	Objekt + Prädikatsnomen bei:	
	facere: machen zu	➪ eum ducem fecerunt: sie machten ihn zum Führer
	creare: wählen zu	➪ eum consulem creaverunt: sie wählten ihn zum Konsuln
	habere: haben zu	➪ te amicum habeo: ich habe dich zum Freund
	putare, iudicare, existimare: halten für	➪ te prudentem puto: ich halte dich für klug
➤ **zeitliche Ausdehnung:**	Frage: wie lange?	➪ multos annos: viele Jahre lang
➤ **räumliche Ausdehnung:**	Frage: wie weit?	➪ villa paucos passus abest: das Haus ist nur wenige Schritte entfernt

➤ **Hinweis:** Im Lateinischen und Deutschen sind Unterschiede bei Akkusativ- oder Dativ-Objekt möglich:

➪ **amicum** sequor: ich folge **dem Freund**
➪ **te** adaequo: ich komme **dir** gleich

Attribut

Das Attribut ist ein adnominales Additivum: es erläutert ein Nomen näher, gibt eine Zusatzinformation zum Nomen.

➤ **Genitiv-Attribut:**	Nomen im Genitiv (➛ G 35)	⇨ amicus Marci: der Freund des Markus civitates Galliae: die Stämme Galliens socii Romanorum: die Bundesgenossen der Römer
➤ **Adjektiv-Attribut:**	Adjektiv in KNG-Kongruenz (Kasus-Numerus-Genus-Übereinstimmung mit dem Nomen, das es erläutert oder näher bestimmt (➛ A 12)	⇨ difficiles res facimus: wir tun schwierige Dinge bellum iustum non est: es gibt keinen gerechten Krieg praeclari homines: berühmte Menschen
➤ **Relativsatz:**	Neben-Satz, eingeleitet durch ein Relativpronomen (➛ R 81 und R 82)	⇨ homines, quos video: die Menschen, die ich sehe eae res, quas habeo: die Dinge, die ich habe amicus, cui confido: der Freund, dem ich vertraue
➤ **Adverbiale (seltener):**	Präpositional-Block	⇨ homo de plebe: ein Mann aus dem Volk

Aussprache und Betonung

➤ **Aussprache:**	c wird wie „k“ gesprochen	➩ causa, circus
	s wird stimmlos gesprochen	➩ rosa, saccus
	ch wird wie „kh“ gesprochen	➩ schola, chorus
	i wird als Vokal „i“ gesprochen	➩ figura, vincere
	i wird als Halbvokal „j“ gesprochen	➩ iudicium, ianua
	i wird als Lautgruppe „ji“ gesprochen	➩ adicere
	i wird als Lautgruppe „jj“ gesprochen	➩ maior
➤ **Betonung:**	**zweisilbige Wörter:**	
	Betonung auf vorletzter Silbe	➩ múrus, rósa
	drei- und mehrsilbige Wörter:	
	Betonung auf vorletzter Silbe, wenn diese lang ist	➩ instruméntum, amáre
	Betonung auf drittletzter Silbe, wenn vorletzte kurz	➩ stúdium, légere
➤ **Vokallänge:**	wird in Wörterbüchern durch ¯ auf einem Vokal bezeichnet	➩ mūrus, īnstrūmentum
➤ **Silbenlänge:**	Silbe ist lang, wenn Vokal lang oder mindestens zwei Konsonanten auf Vokal folgen	

Aussprechvokale

Wo beim Zusammentreffen zweier Teilelemente einer Verbform zwei Konsonanten aufeinanderfolgen würden, schafft ein Aussprechvokal eine Verbindung zwischen diesen Elementen.

➤ **Beispiele:**	mitt + mus	↔	Aussprechvokal	-i-	➪	mitt-i-mus
	voca + b + nt	↔	Aussprechvokal	-u-	➪	voca-b-u-nt
	reg + re + mus	↔	Aussprechvokal	-e-	➪	reg-e-re-mus
➤ **Aussprechvokale:**	vor -m, -s, -t	↔	Aussprechvokal	-i-	➪	reg-i-mus; mitt-i-s; voca-b-i-tis
	vor -r, -b	↔	Aussprechvokal	-e-	➪	reg-e-re; mitt-e-ris; mitt-e-ba-m
	vor -nt	↔	Aussprechvokal	-u-	➪	mitt-u-nt; voca-b-u-nt
➤ **Anmerkung:**	i-Verben und Misch-Verben:					
	vor -nt	↔	Aussprechvokal	-u-	➪	audi-u-nt; capi-u-nt
	vor -ba-	↔	Aussprechvokal	-e-	➪	audi-e-bam; capi-e-bantur

a-Verben

Die a-Verben haben eine Standard-Stammreihe (vgl. dazu ➛ S 85):

➤ auf -avi und -atum: ⇨ vocare – voco – vocavi – vocatum: rufen

Abweichende Stammreihen haben:

➤ Perfektbildung mit -v-: ⇨ iuvare – iuvo – iuvi – iutum: unterstützen (ebenso adiuvare: unterstützen)
lavare – lavo – lavi – lautum: waschen, baden

➤ Perfektbildung mit -u-: ⇨ crepare – crepo – crepui – crepitum: krachen, knarren
cubare – cubo – cubui – cubitum: liegen, ruhen
domare – domo – domui – domitum: zähmen, bezwingen
vetare – veto – vetui – vetitum: verbieten
secare – seco – secui – sectum: schneiden
sonare – sono – sonui: tönen
tonare – tono – tonui: donnern, dröhnen

➤ Reduplikations-Perfekt: ⇨ dare – do – dedi – datum: geben (ebenso Komposita)
stare – sto – steti – statum: stehen
circumstare – circumsto – circumsteti: umstehen
constare – consto – constiti: kosten, bestehen aus (constat: es steht fest)
instare – insto – institi: bedrängen, bevorstehen, drohen
praestare – praesto – praestiti: voranstehen, übertreffen (praestat: es ist besser)
praestare – praesto – praestiti: bewähren, leisten, verbürgen
restare – resto – restiti: übrig sein; Widerstand leisten

Bestandteile einer Verbform

Eine nicht zusammengesetzte Verbform enthält in der Regel drei Bestandteile (eventuell erweitert durch Aussprechvokale):

mitt	- e -	ba	- ntur
Stamm → S 85	**Aussprech-vokal** → A 18	**Zwischen element** → Z 102	**Personen-zeichen** → P 74
➤ Bedeutungsteil		➤ Tempus, Modus	➤ Person, Numerus, Genus

Information zu: Stamm → Bedeutungsteil; Zwischenelement → Tempus, Modus; Personenzeichen → Person, Numerus, Genus

Zu den zusammengesetzten Verbformen siehe → P 71

Consecutio temporum

Die Consecutio temporum (Zeitenfolge) legt den jeweiligen Konjunktiv eines Neben-Satzes fest (zu den Konjunktiven siehe ➛ K 55). Sie gilt also nicht für Neben-Sätze, die im Indikativ stehen.
Ausgangspunkt für die Consecutio temporum ist die dem Neben-Satz übergeordnete Aussage. Dabei unterscheidet man:

- **Gegenwartstempus (T-System I)** — Präsens, Futur I
- **Vergangenheitstempus (T-System II)** — Imperfekt, Perfekt, Plusquamperfekt
- **Besonderheiten** — Das Praesens historicum und das präsentische Perfekt folgen in den Texten keinen festen Regeln, bei Infinitiven und Partizipien ist das Tempus des sie bedingenden Verbs maßgebend.

- **Regeln**:

Verb der übergeordneten Aussage	Zeitverhältnis	Konjunktiv des Nebensatzes	
T-System I	Gleichzeitigkeit	Konjunktiv GZ I	➪ eum rogo, cur id faciat: ich frage ihn, warum er dies tue
	Vorzeitigkeit	Konjunktiv VZ I	➪ rogo, cur id fecerit: ich frage, warum er dies getan habe
	Nachzeitigkeit	Konjunktiv GZ I oder	➪ rogo, quando id faciat: ich frage, wann er es tun werde
		Umschreibung -urus sim	➪ rogo, quando id facturus sit: ..., wann er es tun werde
T-System II	Gleichzeitigkeit	Konjunktiv GZ II	➪ rogavi, cur faceret: ich fragte ihn, warum er es tue
	Vorzeitigkeit	Konjunktiv VZ II	➪ rogavi, cur fecisset: ich fragte, warum er es getan habe
	Nachzeitigkeit	Konjunktiv VZ II oder	➪ rogavi, quando id faceret: ich fragte, wann er es tun werde
		Umschreibung -urus essem	➪ rogavi, quando id facturus esset: ..., wann er es tun werde

Der Dativ ist der Kasus des „mitbetroffenen", „mit einbezogenen" Objekts einer Handlung, des Zwecks und der Wirkung.

- **Dativ als Objekt:** nennt Person oder Sache, die zu ihrem Vorteil oder Nachteil in die Handlung miteinbezogen ist.
  - ➪ magistro parere: dem Lehrer gehorchen

  Übersetzung: als Dativ oder „für....":
  - ➪ filio villam aedificare: dem (für den) Sohn ein Haus bauen

  Objekt bei Verben (abweichend vom Deutschen)
  - ➪ studere litteris: sich um die Wissenschaft bemühen
    victis parcere: die Besiegten schonen

- **Dativ des Besitzers:** nennt die Person, der etwas gehört.
  - ➪ patri villa est: dem Vater ist das Haus, der Vater besitzt ...

- **Dativ beim Gerundivum:** bezeichnet die Urheberschaft einer Handlung.
  - ➪ mihi liber est legendus = mir (von mir) ist das Buch zu lesen, ich muß das Buch lesen, ich habe das Buch zu lesen

- **Dativ des Zwecks und der Wirkung:** steht häufig neben einem weiteren Dativ (der Person) und bezeichnet die bezweckte oder tatsächliche Wirkung einer Handlung.
  - ➪ id tibi muneri do: dies gebe ich dir zum Geschenk
  - ➪ id tibi honori non est: das gereicht dir nicht zur Ehre
  - ➪ id amico praesidio reliqui: dies ließ ich dem Freund zum Schutz zurück, dies ließ ich für den Freund zu seinem Schutz zurück

- **Hinweis:** Im Lateinischen und Deutschen sind Unterschiede bei Akkusativ- oder Dativ-Objekt möglich:
  - ➪ **amico** non invideo: ich beneide **den Freund nicht**
  - ➪ **tibi** persuadeo: ich überzeuge **dich**

Deklinationen: Übersicht

o-Deklination

Singular	→ **66**	Plural
mur-**us**	Nom	mur-**i**
mur-**i**	Gen	mur-**orum**
mur-**o**	Dat	mur-**is**
mur-**um**	Akk	mur-**os**
mur-**o**	Abl	mur-**is**

a-Deklination

Singular	→ **11**	Plural
flamm-**a**	Nom	flamm-**ae**
flamm-**ae**	Gen	flamm-**arum**
flamm-**ae**	Dat	flamm-**is**
flamm-**am**	Akk	flamm-**as**
flamm-**a**	Abl	flamm-**is**

u-Deklination

Singular	→ **93**	Plural
corn-**u**	Nom	corn-**ua**
corn-**us**	Gen	corn-**uum**
corn-**u(i)**	Dat	corn-**ibus**
corn-**u**	Ak	corn-**ua**
corn-**u**	Abl	corn-**ibus**

3. Deklination: Misch- Dekl.

Singular	→ **61**	Plural
urbs	Nom	urb-**es**
urb-**is**	Gen	urb-**ium**
urb-**i**	Dat	urb-**ibus**
urb-**em**	Akk	urb-**es**
urb-**e**	Abl	urb-**ibus**

o-Deklination

Singular	→ **66**	Plural
lib-e-**r**	Nom	libr-**i**
libr-**i**	Gen	libr-**orum**
libr-**o**	Dat	libr-**is**
libr-**um**	Akk	libr-**os**
libr-**o**	Abl	libr-**is**

e-Deklination

Singular	→ **27**	Plural
seri-**es**	Nom	seri-**es**
seri-**ei**	Gen	seri-**erum**
seri-**ei**	Dat	seri-**ebus**
seri-**em**	Akk	seri-**es**
seri-**e**	Abl	seri-**ebus**

3. Deklination: kons. Deklination

Singular	→ **57**	Plural
lex	Nom	leg-**es**
leg-**is**	Gen	leg-**um**
leg-**i**	Dat	leg-**ibus**
leg-**em**	Akk	leg-**es**
leg-**e**	Abl	leg-**ibus**

3. Deklination: i-Deklination

Singular	→ **43**	Plural
turr-**is**	Nom	turr-**es**
turr-**is**	Gen	turr-**ium**
turr-**i**	Dat	turr-**ibus**
turr-**im**	Akk	turr-**es**
turr-**i**	Abl	turr-**ibus**

o-Deklination

Singular	→ **66**	Plural
verb-**um**	Nom	verb-**a**
verb-**i**	Gen	verb-**orum**
verb-**o**	Dat	verb-**is**
verb-**um**	Akk	verb-**a**
verb-**o**	Abl	verb-**is**

u-Deklination

Singular	→ **93**	Plural
man-**us**	Nom	man-**us**
man-**us**	Gen	man-**uum**
man-**ui**	Dat	man-**ibus**
man-**um**	Ak	man-**us**
man-**u**	Abl	man-**ibus**

3. Deklination: kons. Deklination

Singular	→ **57**	Plural
genus	Nom	gener-**a**
gener-**is**	Gen	gener-**um**
gener-**i**	Dat	gener-**ibus**
genus	Akk	gener-**a**
gener-**e**	Abl	gener-**ibus**

3. Deklination: i-Deklination

Singular	→ **43**	Plural
mare	Nom	mar-**ia**
mar-**is**	Gen	mar-**ium**
mar-**i**	Dat	mar-**ibus**
mare	Akk	mar-**ia**
mar-**i**	Abl	mar-**ibus**

Demonstrativpronomina

➤ **is – ea – id:**
er, sie, es
der, die, das
derjenige ...
(verweist nur auf Genanntes, kein „Zeigewort“)

➤ **hic – haec – hoc:**
dieser, der (hier)

➤ **ille – illa – illud:**
jener, dieser dort
ipse – ipsa – ipsum:
selbst, er selbst
iste – ista – istud:
dieser (da)

➤ **idem – eadem – idem:**
derselbe, der gleiche

Singular				Plural		
m.	**f.**	**n.**		**m.**	**f.**	**n.**
is	ea	id	Nom	ei (ii)	eae	ea
eius	eius	eius	Gen	eorum	earum	eorum
ei	ei	ei	Dat	eis (iis)	eis (iis)	eis (iis)
eum	eam	id	Akk	eos	eas	ea
eo	ea	eo	Abl	eis (iis)	eis (iis)	eis (iis)
m.	**f.**	**n.**		**m.**	**f.**	**n.**
hic	haec	hoc	Nom	hi	hae	haec
huius	huius	huius	Gen	horum	harum	horum
huic	huic	huic	Dat	his	his	his
hunc	hanc	hoc	Akk	hos	has	haec
hoc	hac	hoc	Abl	his	his	his
m.	**f.**	**n.**		**m.**	**f.**	**n.**
ille	illa	illud	Nom	illi	illae	illa
illius	illius	illius	Gen	illorum	illarum	illorum
illi	illi	illi	Dat	illis	illis	illis
illum	illam	illud	Akk	illos	illas	illa
illo	illa	illo	Abl	illis	illis	illis
m.	**f.**	**n.**		**m.**	**f.**	**n.**
idem	eadem	idem	Nom	eidem	eaedem	eadem
eiusdem	eiusdem	eiusdem	Gen	eorundem	earundem	eorundem
eidem	eidem	eidem	Dat		eisdem (iisdem)	
eundem	eandem	idem	Akk	eosdem	easdem	eadem
eodem	eadem	eodem	Abl		eisdem (iisdem)	

Deponentien - Semideponentien

Deponentien (Singular: Deponens) sind Verben, die nur in passiven Formen auftreten, von ihrer Bedeutung her aber „medial“ (reflexiv) oder „aktivisch“ sind:

- ➪ **colloqui: sich unterhalten**
- ➪ **assentiri: zustimmen**

Semideponentien sind nur „zur Hälfte“ Deponentien, d. h. entweder im Präsensstamm oder im Perfektstamm:

- ➪ **audere – audeo – ausus sum: wagen**
- ➪ **reverti – revertor – reverti: zurückkehren**

➤ **Infinitive**	Gleichzeitigkeit:	➪ morari	pati	audere
	Vorzeitigkeit:	➪ moratus, a, um esse	passus, a, um esse	ausus, a, um esse
	Nachzeitigkeit:	➪ moraturus, a, um esse	passurus, a, um esse	ausurus, a, um esse
➤ **Partizipien**	Gleichzeitigkeit:	➪ morans, morantis	patiens, patientis	audens, audentis
	Vorzeitigkeit *(aktivisch!)*:	➪ moratus, a, um	passus, a, um	ausus, a, um
	Nachzeitigkeit:	➪ moraturus, a, um	passurus, a, um	ausurus, a, um
➤ **Imperative**	Singular:	➪ laetáre!, tuére!, séquere!, assentíre!, pátere!		
	Plural:	➪ laetámini!, tuémini!, sequímini!, assentímini!, patímini!		
➤ **nd-Formen**	Gerundium:	➪ ars fruendi: die Kunst des Genießens		
	Gerundivum:	➪ moriendum est: man muß sterben		
➤ **Supinum**		➪ venerunt collocutum: sie sind gekommen, um sich zu unterhalten		

esse – sum – fui: sein

➤ **Formen des Präsensstamms**	Indikativ Präsens:	sum	es	est	sumus	estis	sunt
	Indikativ Imperfekt:	eram	eras	erat	eramus	eratis	erant
	Futur I:	ero	eris	erit	erimus	eritis	erunt
	Konjunktiv GZ I:	sim	sis	sit	simus	sitis	sint
	Konjunktiv GZ II:	essem	esses	esset	essemus	essetis	essent

➤ **Formen des Perfektstamms**
regelmäßig gebildet mit dem Perfektstamm fu-
z. B. fu-era-mus: wir waren gewesen; cum fu-isse-t: als er / sie gewesen war; fu-it: er / sie ist gewesen

➤ **Infinitive**	Gleichzeitigkeit:	esse
	Vorzeitigkeit:	fuisse
	Nachzeitigkeit:	futurus, a, um esse oder nur (unverändert) fore
➤ **Partizipien**	Gleichzeitigkeit:	nur bei einigen Komposita, z. B. praesens, praesentis: anwesend
	Nachzeitigkeit:	futurus, a, um
➤ **Imperative**	Singular:	es! esto!
	Plural:	este!

Komposita: Die Formen der Komposita setzen sich zusammen aus der Vorsilbe und den Formen von esse:

➤ **deesse – desum – defui: fehlen** de-sum: ich fehle; de-erant: sie fehlten; de-fueras: du hattest gefehlt usw.

➤ **zu posse (können) und prodesse (nützen) siehe ➛ U 95**

e-Deklination

Singular		Plural
seri-**es**	Nom	seri-**es**
seri-**ei**	Gen	seri-**erum**
seri-**ei**	Dat	seri-**ebus**
seri-**em**	Akk	seri-**es**
seri-**e**	Abl	seri-**ebus**

Substantive der e-Deklination sind

➤ **meistens femininum**
⇨ series, seriei f.: Reihe, Serie
res, rei f.: Sache

➤ **masculinum nur:**
⇨ dies, diei m.: Tag (f.: Termin)
meridies, meridiei m.: Mittag

e-Verben

Die e-Verben haben keine Standard-Stammreihe (vgl. dazu ➛ S 85).

➤ **sehr viele e-Verben bilden ihre Stammreihe nach dem Muster von terrére:**

Perfektbildung mit -u-: ⇨ terrere – terreo – terrui – territum: erschrecken

➤ **daneben finden sich aber:**

Perfektbildung mit -v-: ⇨ delere – deleo – delevi –deletum: zerstören

Perfektbildung mit -s-: ⇨ ridere – rideo – risi – risum: lachen

Dehnungs-Perfekt: ⇨ sedere – sedeo – sedi – sessum: sitzen

Reduplikations-Perfekt: ⇨ mordere – mordeo – momordi – morsum: beißen

ferre und Komposita

ferre – fero – tuli – latum: tragen (Besonderheit: vor -r, -s und -t entfällt der Aussprechvokal)

➤ **Formen des Präsensstamms**

Indikativ Präsens:	fero	fers	fert	ferimus	fertis	ferunt
Indikativ Imperfekt:	ferebam	ferebas	ferebat	ferebamus	ferebatis	ferebant
Futur I:	feram	feres	feret	feremus	feretis	ferent
Konjunktiv GZ I:	feram	feras	ferat	feramus	feratis	ferant
Konjunktiv GZ II:	ferrem	ferres	ferret	ferremus	ferretis	ferrent
Imperative:		fer!			ferte!	

➤ **Formen des Perfektstamms**

regelmäßig gebildet mit dem Perfektstamm tul-
z. B. tul-era-mus: wir hatten getragen; cum tul-isse-t: als er / sie getragen hatte; tul-it: er / sie hat getragen

➤ **Infinitive**

Gleichzeitigkeit: ferre (Aktiv) und ferri (Passiv)
Vorzeitigkeit: tulisse (Aktiv) und latus, a, um esse (Passiv)
Nachzeitigkeit: laturus, a, um esse (Aktiv) und latum iri (Passiv)

➤ **Partizipien**

Gleichzeitigkeit: ferens, ferentis
Vorzeitigkeit (Passiv): latus, a, um
Nachzeitigkeit: laturus, a, um

➤ **-nd-Formen**

Gerundium: difficultas ferendi: die Schwierigkeit zu tragen
Gerundivum: ferendum est: man muß tragen

Komposita: Die Formen der Komposita werden gebildet wie die des Simplex ferre.

fieri

fieri – fio – factus sum: werden, geschehen, gemacht werden

➤ **Formen des Präsensstamms**

Indikativ Präsens:	fio	fis	fit	fimus	fitis	fiunt
Indikativ Imperfekt:	fiebam	fiebas	fiebat	fiebamus	fiebatis	fiebant
Futur I:	fiam	fies	fiet	fiemus	fietis	fient
Konjunktiv GZ I:	fiam	fias	fiat	fiamus	fiatis	fiant
Konjunktiv GZ II:	fierem	fieres	fieret	fieremus	fieretis	fierent

➤ **Formen des Perfektstamms**

Perfekt, Plusquamperfekt und Futur II werden von den entsprechenden Passiv-Formen von facere zur Verfügung gestellt — factum est: es ist geschehen

➤ **Infinitive**

Gleichzeitigkeit:	fieri
Vorzeitigkeit:	factus, a, um esse

Final-Additiva

Final-Additiva sind

➤ **Zusatzinformationen, die das Ziel, den Zweck eines Handlungsgeschehens, ein Begehren, einen Wunsch enthalten.**

➤ **Präpositionen:**

ad verbunden mit einem Gerundium oder Gerundivum im Akkusativ
- ➩ te mitto ad vinum apportandum: ich schicke dich, Wein zu holen

causa (b. Gen.): wegen ...
- ➩ venerunt sui purgandi causa: sie kamen, um sich zu rechtfertigen

➤ **Supinum I:**

Akkusativ des Ziels
- ➩ venerunt ludos spectatum: sie kamen, um sich die Spiele anzuschauen

➤ **Subjunktionen:**

ut (m. Konj.): daß, damit
- ➩ do, ut des: ich gebe, damit du gibst

ne (m. Konj.): daß nicht, damit nicht (bei Verben des Fürchtens: daß)
- ➩ opto, ne discedas: ich wünsche, daß du nicht weggehst
  vereor, ne aegrotus/aegrota sit: ich fürchte, daß er / sie krank ist

quo (m. Konj.): damit dadurch umso ...
- ➩ id ago, quo facilius idem faciatis: ich tue dies, damit ihr dadurch dasselbe umso leichter tun könnt

quominus (m. Konj.) bei Verben des Hinderns und Widerstrebens: daß ...
- ➩ impedio te, quominus id facias: ich hindere dich daran, daß du dies tust

➤ **Infinitiv:**

Bei Dichtern kommt gelegentlich der Infinitiv nach Verben der Bewegung vor als Zweck eines Geschehens:
- ➩ non veni te accusare: ich kam nicht, dich anzuklagen

Fragepronomina

Das Fragepronomen kann substantivisch oder adjektivisch gebraucht werden:

➤ **substantivisch:** **quis? (wer?)**
quid? (was?)

Nominativ	quis? quid?
Genitiv	cuius?
Dativ	cui?
Akkusativ	quem? quid?
Ablativ	quo?

➤ **adjektivisch:** **qui vir? (welcher Mann?)**
quae mulier? (welche Frau?)
quod aedificium? (welches Gebäude)

Singular				Plural		
m.	f.	n.		m.	f.	n.
qui	quae	quod	Nom	qui	quae	quae
cuius	cuius	cuius	Gen	quorum	quarum	quorum
cui	cui	cui	Dat	quibus	quibus	quibus
quem	quam	quod	Akk	quos	quas	quae
quo	qua	quo	Abl	quibus	quibus	quibus

Fragesätze

➤ Typen von Fragesätzen

direkte Frage:	an ein Gegenüber gestellt	➪ Quando venies?: Wann wirst du kommen?
indirekte Frage:	berichtete Frage (im Konjunktiv) nach Verben des Sagens, Mitteilens, der Wahrnehmung	➪ Nescio, quis id dixerit: Ich weiß nicht, wer es gesagt hat.
rhetorische Frage:	Fragender erwartet keine Antwort, Frage kommt eher einem Ausruf gleich	➪ Cur id fecistis!: Warum nur habt ihr das gemacht!
Dubitativ-Frage:	zweifelnde Frage (Verb steht im Konjunktiv)	➪ Quid faciam?: Was soll ich tun? Quid facerem?: Was hätte ich tun sollen?

➤ Art der direkten oder indirekten Frage

Wortfrage:	Frage und Antwort liegt in einem Wort begründet	➪ „Quis venit?" „Carolus.": „Wer kommt?" „Karl."
Satzfrage:	Frage liegt im ganzen Satz. Antwort „ja" oder „nein"	➪ „Veniesne?" „Veniam.": „Wirst du kommen?" „Ja."
Wahl- / Doppelfrage:	Fragestellung enthält zwei mögliche Antworten	➪ Utrum mater an pater tibi id dixit?: Hat dir dies deine Mutter oder dein Vater gesagt?

➤ Sprachliche Gestaltung der Fragen

Wortfragen:	eingeleitet durch Fragewörter		➪ Quis clamat? Cur clamat?: Wer schreit? Warum ...?
Satzfragen:	eingeleitet durch Fragepartikel:	Antwort offen	➪ Es**ne** contentus?: Bist du zufrieden**?**
		„ja" erwartet	➪ **Nonne** contentus es?: Bist du **denn nicht** zufrieden?
		„nein" erwartet	➪ **Num** contentus es?: Bist du **etwa** zufrieden?
		nach Aussage	➪ Adest. **An** non credis?: Er hilft. **Oder** glaubst du´s nicht?
Doppelfragen:	eingeleitet durch Fragepartikel:	utrum – an	➪ **Utrum** legis **an** scribis?: Liest du oder schreibst du?
		-ne – an	➪ Legis**ne an** scribis?
		nur: an (2.Teil)	➪ Legis **an** scribis?

Genera Verbi (Verhaltensrichtung)

Das lateinische Verb kennt zwei Genera (das Genus eines Verbs ist seine Verhaltensrichtung):

- **Aktiv:** Informationsmittelpunkt (Subjekt) ist der handelnde Teil im beschriebenen Handlungsgeschehen
  - ➪ amicus donat: der Freund beschenkt (einen anderen).

- **Passiv:** Informationsmittelpunkt (Subjekt) ist das Element im beschriebenen Handlungsgeschehen, auf das sich die Handlung richtet
  - ➪ amicus donatur: der Freund wird beschenkt.

  Das Passiv kann auch medial / reflexiv sein
  - ➪ tempora mutantur: die Zeiten ändern sich.

- **Unterschied:** Inhaltlich (d. h. was die Geschehens-Information anbetrifft) besteht zwischen Aktiv und Passiv kein Unterschied
  - ➪ amicus amicam donat: der Freund beschenkt die Freundin
  - ➪ amica ab amico donatur: die Freundin wird vom Freund beschenkt.

  In beiden Sätzen ist der Freund der Schenkende, die Freundin die Beschenkte. Der Unterschied liegt in der Akzentuierung des Betrachtungs- und Beobachtungs-Interesses: beim Aktiv-Satz gilt mein Hauptaugenmerk dem Freund (dem Schenkenden), beim Passiv-Satz der Freundin (der Beschenkten).

- **Besonderheiten:** Intransitive Verben bilden ein unpersönliches Passiv
  - ➪ pugnatur: es wird gekämpft, man kämpft.

Genitiv: Funktionen

Der Genitiv ist der Kasus der Bereichsangabe. Meist ordnet er ein Nomen dem Bereich eines anderen Nomens zu. Bei manchen Verben (und Adjektiven) bezeichnet er deren „Handlungsbereich“.

➤ genitivus **subiectivus / obiectivus:**	„Subjekt“ oder „Objekt“ einer im Substantiv enthaltenen Handlung	⇨ amor matris: die Liebe „im Bereich der Mutter“ = die Liebe der Mutter oder die Liebe zur Mutter
➤ genitivus **attributivus:**	„Zugehörigkeitsbereich“	⇨ domus patris: das Haus „im Zugehörigkeitsbereich des Vaters“ = das Haus des Vaters ⇨ consulis est rei publicae consulere: es ist „im Zugehörigkeitsbereich“ des Konsuls = es ist Aufgabe, Pflicht des Konsuls, für den Staat zu sorgen sapientis (sapientiae) est ...: es ist „im Zugehörigkeitsbereich“ des Weisen (der Weisheit) = es ist Eigenart, typisches Merkmal, verrät, zeigt, beweist Weisheit
➤ genitivus **partitivus:**	„Teilbereich“	⇨ pars hominum: ein Teil der Menschen nihil boni: nichts „im Bereich des Guten“ = nichts Gutes
➤ genitivus **qualitatis:**	„Eigenschaftsbereich“	⇨ homo magnae prudentiae: ein Mensch großer Klugheit, ein Mensch von großer Klugheit
➤ genitivus **pretii:**	„Wertbereich“; esse: wert sein; putare, aestimare u. a.: schätzen	⇨ magni esse: viel wert sein ⇨ minimi aestimare: äußerst geringschätzen
➤ genitivus **possessivus:**	„Eigentumsbereich“	⇨ domus patris: das Haus des Vaters
➤ Genitiv als **Objekt bei Verben:**	„Handlungsbereich”	⇨ meminisse: sich erinnern, gedenken; oblivisci: vergessen mortuorum meminimus: wir gedenken der Toten eius non obliviscar: ich werde ihn / sie nicht vergessen

Das Gerundium ist ein Verbalsubstantiv, d. h. der deklinierte Infinitiv des Verbs.

- **Bildung:** Präsensstamm + -nd (ev. Ausprechvokal -e-)
  ⇨ vocare: voca-nd- ; mittere: mitt-e-nd- ; audire: audi-e-nd-
- **Deklination:** o-Deklination
  ⇨ ars gubernandi: die Kunst des Lenkens oder zu lenken
  natando exercemus: durch Schwimmen halten wir uns fit
- **Additiva:** Das Gerundium behält im Lateinischen seine „verbalen Möglichkeiten": Objekt und Adverb
  ⇨ spes urbem celeriter capiendi: die Hoffnung auf ein „die Stadt schnell Erobern" = die Hoffnung, die Stadt schnell zu erobern, ... auf eine schnelle Eroberung der Stadt
  nihil agendo = durch „Nichts -tun" = durch Nichtstun

Das Gerundivum ist ein Verbaladjektiv mit passiver Bedeutung.

- **Bildung:** Präsensstamm + -nd (ev. Ausprechvokal -e-)
  ⇨ vocare: voca-nd- ; mittere: mitt-e-nd- ; audire: audi-e-nd-
- **Deklination:** wie Adjektive der a- und o-Deklination
  ⇨ dolor patiendus: ein zu ertragender Schmerz
  urbes defendendae: zu verteidigende Städte
- **Additiva:** Adverb; Dativ zur Angabe der handelnden Person
  ⇨ tibi porta celeriter claudenda est: „du hast das Tor schnell zu schließen", du mußt das Tor schnell schließen
- **Anwendung:** Eine „wörtliche" Übersetzung ist möglich, daraus ergibt sich eine angemessene deutsche Wendung
  ⇨ In amicis eligendis nobis diligentia est adhibenda: „bei den auszuwählenden Freunden ist für uns Sorgfalt anzuwenden" ; bei der Auswahl von Freunden müssen wir Sorgfalt walten lassen
  decertandum non est: „es ist nicht zu streiten", man darf nicht streiten

Grammatikbegriffe: A – D

Ablativ	➤ Fünfter Fall (hat im Deutschen keine Entsprechung): Mittel, Trennung, Ort
Additivum	➤ **adnominal:** Zusatzinformation zu einem Nomen
	adverbial: Zusatzinformation zum Handlungsgeschehen (Verb)
Adjektiv	➤ Eigenschaftswort
Adverb	➤ Umstandsbestimmung der Art und Weise, des Orts usw.
Adversativ..., adversativ	➤ Gegensatz ...
Akkusativ	➤ Vierter Fall: hauptsächlicher Objektskasus; Ziel, Richtung, Ausdehnung
Aktiv	➤ Verhaltensrichtung (Genus) des Verbs: handelndes Subjekt
Attribut	➤ Beifügung (Substantiv im selben Kasus wie Bezugswort)
	➤ Beifügung (Zusatzinformation) zu einem Nomen
Aussprechvokal	➤ Aussprechhilfe zwischen zwei Konsonanten
Basis-Satz	➤ Informationseinheit innerhalb eines Satzgefüges, der ein Neben-Satz untergeordnet ist
Dativ	➤ Dritter Fall: „mitbetroffenes“ Objekt einer Handlung; Zweck, Wirkung
Deklination	➤ Veränderung des Nomens (5 Fälle = Kasus)
deklinieren	➤ ein Nomen in den verschiedenen Kasus verändern
Demonstrativpronomen	➤ hinweisendes Fürwort (dieser, jenes usw.)

Grammatikbegriffe: D – I

Deponens	➤ Verb mit ausschließlich passiven Formen, aber reflexiver oder aktiver Bedeutung
Elativ	➤ Superlativ des Adjektivs in der Übersetzung „sehr ... , äußerst ...“
Final..., final	➤ Information, die einen Zweck, eine Absicht beinhaltet
finit	➤ Verbform, die durch Person, Numerus, Genus, Tempus und Modus „festgelegt“ ist
Flexion	➤ Veränderung eines Nomens (Deklination) oder eines Verbs (Konjugation)
Fragesatz	➤ Satz (Basis-Satz oder Neben-Satz) in Frage-Form
Futur I	➤ Handlung, die in der Zukunft erwartet wird
Futur II	➤ Handlung, die in der Zukunft vor einer anderen Handlung beendet ist
Genitiv	➤ Zweiter Fall: Bereich, Zugehörigkeit
Genus (eines Substantivs)	➤ grammatisches, nicht biologisches Geschlecht: masculinum – femininum – neutrum
Genus (eines Verbs)	➤ Verhaltensrichtung eines Verbs: Aktiv – Passiv
Gerundium	➤ substantivische nd-Form des Verbs: deklinierter Infinitiv
Gerundivum	➤ adjektivische nd-Form des Verbs: passives Partizip der Gleich- und Nachzeitigkeit
Haupt-Satz	➤ selbständiger Satz in einem Satzgefüge
Imperativ	➤ Befehlsform des Verbs
Imperfekt	➤ Tempus der Vergangenheit, im Lat. korrespondierend mit Perfekt (im Deutschen: Präteritum)

Grammatikbegriffe: I – K

Indefinitpronomen	➤ unbestimmtes Fürwort (irgendwer ...)
Indikativ	➤ Verbform; Aussageweise des Verbs (Modus), die „Wirklichkeit“ signalisieren soll
Infinitiv	➤ Grundform eines Verbs (z. B. vocare: rufen; vocavisse: gerufen haben)
Infinitiv-Strukturen	➤ Akkusativ mit Infinitiv (AcI) oder Solitär-Infinitiv
Informationseinheit	➤ in sich geschlossene Information mit Informationszentrum und Additiva
Informationszentrum	➤ Subjekt und Prädikat einer Informationseinheit
Interrogativpronomen	➤ Fragefürwort
Kardinalzahl	➤ aufzählendes Zahlwort (drei, zehn ...)
Kasus	➤ Fall (deklinierte Form) eines Nomens
Kausal..., kausal	➤ Informationen, die einen Grund oder eine Ursache beinhalten
Komparativ	➤ Vergleichsstufe der Steigerung
Kompositum	➤ aus Simplex (Grundwort) und Vorsilbe zusammengesetztes Wort, insbesondere Verbum
Konjugation	➤ Veränderung des Verbs in Person, Numerus, Tempus, Modus, Genus
konjugieren	➤ ein Verb verändern in Person, Numerus, Tempus, Modus, Genus
Konjunktion	➤ Bindewort, das zwei gleichgeartete Glieder verbindet
Konjunktiv	➤ Verbform; Aussageweise (Modus) der „eingeschränkten“ Wirklichkeit

Grammatikbegriffe: K – P

Konnektor	➤ Bindewort, das mindestens zwei Einzelwörter oder zwei Informationseinheiten verbindet
Konsekutiv..., konsekutiv	➤ Information, die eine Folge beinhaltet
Konzessiv..., konzessiv	➤ Information, die einen Gegengrund beinhaltet (obwohl ...)
Neben-Satz	➤ ein durch eine Subjunktion einer Informationseinheit untergeordneter Satz
Nomen	➤ deklinierbares Wort
Nominal-Prädikativum	➤ Nomen mit der Funktion und der Wertigkeit eines Prädikats
Nominativ	➤ Erster Fall: „Nenn-Kasus"; grammatischer Geschehensmittelpunkt der Verbaussage
Numerale	➤ Zahlwort
Numerus	➤ Zahl (Singular und Plural) bei Nomen oder Verb
Objekt	➤ Additivum zu einem Verb im Akkusativ, Dativ, Genitiv oder Ablativ
Ordinalzahl	➤ Ordnungszahl, z. B. der dritte ... , der zehnte ....
Partizip	➤ „Mittelwort" eines Verbs (sehend, gesehen)
Partizip-Strukturen	➤ Participium coniunctum (p. c.) oder Ablativus absolutus (abl. abs.)
Passiv	➤ Verhaltensrichtung des Verbs: Subjekt ist von Handlung betroffen, sie wird an ihm vollzogen
Perfekt	➤ Vergangenheitsform (Tempus) des Verbs, im Lat. korrespondierend mit Imperfekt
Personalpronomen	➤ persönliches Fürwort

Grammatikbegriffe: P – S

Personenzeichen	➤ Verbformen-Element, das die (aktive oder passive) Person angibt
Plural	➤ Mehrzahl (bei Verben und Nomina)
Plusquamperfekt	➤ Zeitform (Tempus) des Verbs, verweist auf eine Handlung in der Vergangenheit, die vor einer anderen Handlung der Vergangenheit abgeschlossen ist
Positiv	➤ Normalform = nicht gesteigerte Form des Adjektivs
Possessivpronomen	➤ besitzanzeigendes Fürwort
Prädikat	➤ Verb-Form oder Ausdruck aus Nomen und Hilfsverb „sein“, die Handlung, Vorgang, Geschehen eines Informationszentrums bezeichnen
Präposition	➤ Verhältniswort (z. B. in, auf, über, gegen ...)
Präsens	➤ Zeitform (Tempus) des Verbs, die aktuelles oder zeitloses Geschehen bezeichnet
Praesens historicum	➤ Präsensform in der Erzählung, wirkt oft verlebendigend
Pronomen	➤ Fürwort (Ersatzwort = Stellvertreter für ein Substantiv)
Reflexivpronomen	➤ auf das Subjekt sich beziehendes Pronomen = Stellvertreter für ein Subjekt
Relativpronomen	➤ Fürwort (z. B. der, welcher), das einen Satz mit einem Nomen verbindet und dieses näher beschreibt
Semideponens	➤ Verb mit aktiver Bedeutung, das teilweise passivisch konjugiert wird

Grammatikbegriffe: S – Z

Simplex ➤ nicht zusammengesetztes Wort, insbesondere Verbum

Singular ➤ Einzahl bei Nomen und Verbum

Stamm ➤ der Bedeutungsteil eines Worts, an den Flexionsendungen angehängt werden

Stammformen ➤ die Stämme eines Verbs: Präsensstamm, Perfekt-Aktiv-Stamm, Perfekt-Passiv-Stamm

Subjekt ➤ Person oder Sache, die Geschehensmittelpunkt eines Informationszentrums ist

Subjunktion ➤ Bindewort, das einen Nebensatz mit einem Basis-Satz verbindet

Substantiv ➤ Hauptwort, Dingwort

substantivieren ➤ zu einem Hauptwort, Dingwort machen, z. B. gut – das Gute; heute – das Heute

Superlativ ➤ Steigerungsform eines Adjektivs als „Höchststufe"

Supinum ➤ Nominal-Form des Verbs, eine Art Infinitiv im Akkusativ oder Ablativ

Tempus ➤ Form des Verbs, die die zeitliche Einordnung der Handlung vornimmt

Temporal..., temporal ➤ Information, die eine Zeitangabe zu einer Handlung beinhaltet

Verb ➤ Tätigkeits-Wort (Handlung, Geschehen, Zustand)

Vokativ ➤ Anrede-Kasus eines Substantivs

Zeitverhältnis ➤ zeitliche Zuordnung einer Nebenhandlung zu einer Haupthandlung

Zwischenelement ➤ Teil einer Verbform, nennt Tempus und Modus

3. Deklination: **i-Deklination**

Singular		Plural
turr-**is**	Nom	turr-**es**
turr-**is**	Gen	turr-**ium**
turr-**i**	Dat	turr-**ibus**
turr-**im**	Akk	turr-**es**
turr-**i**	Abl	turr-**ibus**

Singular		Plural
mare	Nom	mar-**ia**
mar-**is**	Gen	mar-**ium**
mar-**i**	Dat	mar-**ibus**
mare	Akk	mar-**ia**
mar-**i**	Abl	mar-**ibus**

Substantive der i-Deklination sind

➤ **femininum (Einzelwörter)**

➪ turris, turris f.: Turm
vis (vim–vi) f.: Kraft, Gewalt
vires, virium f.: Kräfte

➤ **neutrum (auf -ar, -e und -al)**
„Areal-Wörter"

➪ exemplar, exemplaris n.: Beispiel
mare, maris n.: Meer
animal, animalis n.: Lebewesen

Adjektive der i-Deklination: siehe ➛ A 12

Der Imperativ ist die Befehlsform der Verben und richtet sich an ein direkt angesprochenes Gegenüber.

➤ **Imperative der Aktiv-Verben:**	a-Verben	➪ voca!: rufe!	vocate!: ruft!
	e-Verben	➪ ride!: lache!	ridete!: lacht!
	i-Verben	➪ audi!: höre!	audite!: hört!
	kons. Verben	➪ rege!: lenke!	regite!: lenkt!
	Misch-Verben	➪ cape!: fasse!	capite!: faßt!
➤ **Imperative der Deponentien:**	a-Verben	➪ laetare!: freu dich!	laetamini!: freut euch!
	e-Verben	➪ tuere!: betrachte!	tuemini!: betrachtet!
	i-Verben	➪ largire!: schenke!	largimini!: schenkt!
	kons. Verben	➪ sequere!: folge!	sequimini!: folgt!
	Misch-Verben	➪ patere!: dulde!	patimini!: duldet!
➤ **Verneinung des Imperativs:**	noli + Infinitiv	➪ noli timere!: fürchte dich nicht!	
	nolite + Infinitiv	➪ nolite me tangere!: berührt mich nicht	
	ne + Konj. VZ I	➪ ne dixeris!: rede nicht!	
		➪ ne tacueritis!: schweigt nicht!	
➤ **Imperativ II meist in Sprichwörtern, Regeln, Gesetzen:**		➪ memento!: gedenke!	mementote!: gedenkt!
		➪ scito!: du sollst wissen!	
		➪ scitote!: ihr sollt wissen!	

Indefinitpronomina

Indefinit-Pronomina sind unbestimmte Fürwörter (Deklination: ➛ F 32 und R 81)

	substantivischer Gebrauch	adjektivischer Gebrauch
➤ **irgendeiner, jemand, etwas**	aliquis, aliquid Merke: nach si, nisi, ne, quo, quanto, cum fällt ali- weg! (si quis ...)	aliqui, aliqua(e), aliquod aliqui vir, aliqua(e) villa, aliquod tempus
	quisquam, quidquam (quicquam) in Ausdrücken verneinenden Inhalts vix quisquam: kaum jemand	ullus, a, um in Ausdrücken verneinenden Inhalts neque ullus homo: und kein Mensch ...
➤ **niemand, keiner, nichts**	nemo (nullius, nemini, neminem, nullo) nihil (nullius rei, nulli rei, nihil, nulla re)	nullus, a, um
➤ **einer, ein bestimmter(aber nicht näher bezeichneter)**	quidam, quiddam	quidam, quaedam, quoddam
➤ **jeder (einzelne)**	(unus)quisque, (unum)quidque	(unus)quisque, (una)quaequae, (unum)quodque
➤ **jeder beliebige**	quivis, quidvis quilibet, quidlibet	quivis, quaevis, quodvis quilibet, quaelibet, quodlibet

Infinitive eines Verbs

		Infinitiv der Gleichzeitigkeit	Infinitiv der Vorzeitigkeit	Infinitiv der Nachzeitigkeit
➤ **Aktiv**	a-Verben:	vocare	vocavisse	vocaturus, a, um esse
	e-Verben:	monere	monuisse	moniturus, a, um esse
	i-Verben:	audire	audivisse	auditurus, a, um esse
	kons. Verben:	mittere	misisse	missurus, a, um esse
	Misch-Verben:	capere	cepisse	capturus, a, um esse
➤ **Passiv**	a-Verben:	vocari	vocatus, a, um esse	vocatum iri
	e-Verben:	moneri	monitus, a, um esse	monitum iri
	i-Verben:	audiri	auditus, a, um esse	auditum iri
	kons. Verben:	mitti	missus, a, um esse	missum iri
	Misch-Verben:	capi	captus, a, um esse	captum iri
➤ **Deponentien**	a-Verben:	laetari	laetatus, a, um esse	laetaturus, a, um esse
	e-Verben:	vereri	veritus, a, um esse	veriturus, a, um esse
	i-Verben:	largiri	largitus, a, um esse	largiturus, a, um esse
	kons. Verben:	sequi	secutus, a, um esse	secuturus, a, um esse
	Misch-Verben:	pati	passus, a, um esse	passurus, a, um esse

➤ **Zu den Infinitiv-Strukturen siehe ➛ A 9 und ➛ S 84**

Informationen einer Verbform

Jede Verbform liefert Informationen zum:

Subjekt	Tempus	Genus	Modus
Informationsmittelpunkt; Informant spricht ...	*Zeitliche Zuordnung des Handlungsgeschehens:*	*Verhaltensrichtung des Handlungsgeschehens:*	*Aussage zur Realität des Handlungsgeschehens:*
über sich selbst (= 1. Person = Sprecher): Singular: **ich** Plural: **wir**	**Präsens** **Futur I** **Futur II**	**Aktiv:** Subjekt handelt selbst	**Indikativ:** Wirklichkeit (faktisch)
zum Gegenüber (= 2. Person = Angesprochener): Singular: **du** Plural: **ihr**	**Imperfekt** **Perfekt** **Plusquamperfekt**	**Passiv:** Subjekt ist von Handlung betroffen	**Konjunktiv:** ● eingeschränkte Wirklichkeit (Wunsch, Vorstellung) ● kontrafaktisch (irreal)
über Dritte (= 3. Person = Besprochenes): Singular: **er, sie, es** Plural: **sie**			**Imperativ:** Befehlsform

ire und Komposita

ire – eo – ii – itum: gehen

➤ **Formen des Präsensstamms**

Indikativ Präsens:	eo	is	it	imus	itis	eunt
Indikativ Imperfekt:	ibam	ibas	ibat	ibamus	ibatis	ibant
Futur I:	ibo	ibis	ibit	ibimus	ibitis	ibunt
Konjunktiv GZ I:	eam	eas	eat	eamus	eatis	eant
Konjunktiv GZ II:	irem	ires	iret	iremus	iretis	irent
Imperative:	i!	ite!				

➤ **Formen des Perfektstamms**

regelmäßig gebildet mit dem Perfektstamm i- (zwei i-Laute werden häufig zu einem i kontrahiert):
z. B. i-era-mus: wir waren gegangen; isse-t: er / sie wäre gegangen; i-it: er / sie ist gegangen

➤ **Infinitive**

Gleichzeitigkeit:	ire
Vorzeitigkeit:	iisse
Nachzeitigkeit:	iturus, a, um esse

➤ **Partizipien**

Gleichzeitigkeit:	iens, euntis
Vorzeitigkeit:	itum
Nachzeitigkeit:	iturus, a, um

➤ **-nd-Formen**

Gerundium:	facultas eundi: die Möglichkeit des Gehens
Gerundivum:	eundum est: man muß gehen

Komposita: Die Formen der Komposita setzen sich zusammen aus der Vorsilbe und den Formen von ire.

i-Verben

Die i-Verben haben eine Standard-Stammreihe (vgl. dazu ➛ S 85):

- ➤ auf -ivi und -itum: ➪ audire – audio – audivi – auditum: hören

Abweichende Stammreihen haben:

- ➤ Perfektbildung mit -u-: ➪ aperire – aperio – aperui – apertum: öffnen (ebenso operire: bedecken)
  salire – salio – salui: springen (ebenso desilire: herabspringen)
- ➤ Dehnung: ➪ venire – venio – veni – ventum: kommen (ebenso Komposita)
- ➤ Perfektbildung mit -s-: ➪ sancire – sancio – sanxi – sanctum: bekräftigen, festsetzen
  vincire – vincio – vinxi – vinctum: fesseln
  haurire – haurio – hausi – haustum: schöpfen
  sentire – sentio – sensi – sensum: fühlen, merken, meinen
  (ebenso consentire: übereinstimmen; dissentire: anderer Meinung sein)
  saepire – saepio – saepsi – saeptum: umzäunen
- ➤ Reduplikation: ➪ reperire – reperio – repperi (aus repeperi) – repertum: finden
- ➤ ohne Veränderung: ➪ comperire – comperio – comperi – compertum: erfahren

Kasus-Funktionen

Die Kasus (Singular: der Kasus) des Nomens ordnen die Sinn-Beziehung einzelner Nomina in einer Informationseinheit.

Die beziehungslos nebeneinander gestellten Teile einer Satz-Information würden noch keine sinnvolle Aussage ergeben:
Nachbar Sohn Tochter Freund Hausbesitzer vorstellen: wer stellt wem wen vor?
Erst die sprachliche Erscheinung der Kasus stellt eine gegenseitige Sinnbeziehung her:
Der Sohn des Hausbesitzers stellt seinem Nachbarn die Tochter seines Freundes vor.

Im Lateinischen bringt ein umfassendes Kasus-System mit differenzierten Kasus-Funktionen diese Sinn-Beziehungen zum Ausdruck. Der Trend der modernen Sprachen geht dahin, die Funktion der Kasus mit ihrem Formenreichtum durch Wortstellung und Präpositionen zu ersetzen: Stuttgarts Bürger = die Bürger von Stuttgart.

Das Lateinische kennt fünf Kasus, die jeweils eine Grundfunktion verdeutlichen, die wiederum differenziert wird:

➤ **Nominativ**	Kasus, der das Subjekt nennt oder das, was mit diesem zusammenhängt	
➤ **Genitiv**	Kasus des „Bereichs“, auf den sich eine Information bezieht	→ G 35
➤ **Dativ**	Kasus des „mitbetroffenen“ Objekts einer Handlung	→ D 22
➤ **Akkusativ**	Kasus des direkten Ziels, der Richtung und der Ausdehnung	→ A 15
➤ **Ablativ**	Kasus des Mittels, der Begleitung, des Orts und der Trennung	→ A 7
➤ **Vokativ**	ist als Anrede-Form kein eigentlicher Kasus; identisch mit dem Nominativ (Ausnahme: o-Deklination)	→ U 94

Kausal-Additiva sind

- **Zusatzinformationen, die den Grund oder die Ursache eines Handlungsgeschehens enthalten.**

  - **Präpositionen:**
    ob (b. Akk.): wegen
    propter (b. Akk.): wegen
    causa (b. Gen.): wegen, um ... willen
    gratia (b. Gen.): wegen, um ... willen

  - **Konjunktionen:**
    nam: denn, nämlich
    namque: denn, nämlich
    enim: denn, nämlich
    etenim: denn, nämlich
    quippe: denn, nämlich

  - **Subjunktionen:**
    cum (m. Konj.): weil, da (cum causale)
    quia: weil
    quod: weil
    quoniam: da ja

Komparativ-Additiva

Komparativ-Additiva sind

➤ **Zusatzinformationen, die einen Vergleich zweier Dinge, zweier Personen oder zweier Handlungen enthalten.**

➤ **Konjunktionen:**

ut, velut, sicut: wie, wie zum Beispiel
quam: wie, als
tamquam: wie
quasi: gleichsam wie
ita – ut: so – wie
tam – quam: ebenso sehr – wie
tot – quot: so viele – wie viele
totiens – quotiens: so oft – wie oft
non tam – quam: nicht so sehr – als vielmehr
non magis – quam: ebenso wenig – wie
non minus – quam: ebenso sehr – wie

➤ **Subjunktionen:**

ut (m. Indikativ): wie
quo – eo (m. Komparativ): je – desto
quasi (m. Konj.): gleichsam als ob
tamquam si (m. Konj.): gleichsam als ob
velut si (m. Konj.): gleichsam als ob

Konditional-Additiva

Konditional-Additiva sind

- **Zusatzinformationen, die eine Bedingung zu einer übergeordneten Aussage enthalten.**

  - **Subjunktionen:**
    - **si:** wenn, falls
    - **nisi:** wenn nicht, falls nicht
    - **quodsi:** wenn aber (es geht kein Konditionalsatz voraus)
    - **sin autem:** wenn aber (es geht bereits ein Konditionalsatz voraus)
    - **etsi, etiamsi, tametsi:** auch wenn

Im Lateinischen gibt es drei Darstellungsmöglichkeiten eines Konditionalsatzes:

- **Realis (Wirklichkeit): Sprecher setzt die Aussage als Faktum hin**
  Indikativ aller Tempora ⇨ si id dicis, erras: wenn (falls) du das behauptest, irrst du dich

- **Irrealis (Vorstellung): Sprecher geht nicht davon aus, daß das Ausgesagte eintrifft, bzw. die Aussage ist schon widerlegt**
  Konjunktiv GZ II oder VZ II ⇨ si id diceres, errares: wenn du das behauptetest, würdest du dich irren (aber du tust es nicht)
  si tacuisses, philosophus mansisses: hättest du geschwiegen, wärst du ein Philosoph geblieben

- **Potentialis („Gedankenexperiment“:** „gesetzt der Fall, angenommen ...“)**: Sprecher läßt Möglichkeiten „ja“ und „nein“ offen**
  Konjunktiv GZ I oder VZ I ⇨ si id dicas, erres: solltest du dies behaupten, dann würdest du dich gewiß irren
  si id dixeris, erraveris: solltest du dies behauptet haben, dann dürftest du dich geirrt haben

Je nach Redeabsicht finden sich auch Mischformen im Haupt- und Neben-Satz.

Konjunktionen

Konjunktionen (Bindewörter) verbinden Einzelwörter, Wortgruppen oder Sätze (gleichrangige Sätze!) miteinander
(vgl. dagegen Subjunktionen ➛ S 87).

ac, atque: und, und dazu
at: aber
aut: oder
aut – aut: entweder – oder
autem: aber (nachgestellt)
ceterum: übrigens, aber doch
cum – tum: zum einen, zum andern besonders
enim: nämlich (nachgestellt)
ergo: also, folglich
et: und
et – et: sowohl – als auch
etenim: nämlich
etiam: auch, sogar
igitur: also, folglich
ita: so, auf diese Weise
itaque: daher, deshalb
modo – modo: bald – bald
nam: denn
neque (nec): und nicht
neque – neque: weder – noch
ne ... quidem: nicht einmal ...
neve, neu: und nicht
neve – neve: weder – noch
non modo (solum, tantum) – sed (verum) etiam:
nicht nur – sondern auch
quam: wie (bei Vergleich)
quasi: wie
-que: und (an ein Wort drangehängt)
quin etiam: ja sogar
quoque: auch (nachgestellt)
sic: so
sicut: wie, wie zum Beispiel
sive, seu: oder
sive – sive (seu – seu): sei es – sei es
tamquam: wie
ut: wie, wie zum Beispiel
vel: oder
vel – vel: entweder – oder
velut: wie, wie zum Beispiel
vero: aber (nachgestellt)

Konjunktive

Der Konjunktiv ist der Modus der Nicht-Wirklichkeit bzw. Noch-nicht-Wirklichkeit, d. h. der subjektiven Vorstellung und des Wünschens (Konjunktiv-Formen siehe „Zwischenelemente einer Verbform" ➛ Z 102).

➤ **Der Konjunktiv im Haupt-Satz**

Konjunktiv der Gleichzeitigkeit I (Konjunktiv GZ I)	Aufforderung an 3. Person	⇨ veniat: er / sie soll kommen
	Aufforderung an sich, die eigene Gruppe	⇨ cantemus: laßt uns singen
	erfüllbar gedachter Wunsch der Gegenwart	⇨ utinam floreat: hoffentlich blüht es
	zweifelnde Frage	⇨ quid faciam?: was soll ich tun?
	Vermutung	⇨ dicat aliquis:es könnte jemand sagen
Konjunktiv der Gleichzeitigkeit II (Konjunktiv GZ II)	unerfüllbar gedachter Wunsch der Gegenwart	⇨ utinam venires: ach kämst du
	irreale (hypothetische) Aussage der Gegenwart	⇨ gauderem: ich würde mich freuen
	zweifelnde Frage	⇨ quid facerem?: was hätte ich tun sollen?
Konjunktiv der Vorzeitigkeit I (Konjunktiv VZ I)	Ersatz für verneinten Imperativ	⇨ ne riseritis: lacht nicht
Konjunktiv der Vorzeitigkeit II (Konjunktiv VZ II)	durch Ereignis widerlegter Wunsch (Vergangenheit)	⇨ utinam mansisses: wärst du geblieben!
	irreale (hypothetische) Aussage der Vergangenheit	⇨ venissem: ich wäre gekommen

➤ **Der Konjunktiv im Neben-Satz**

- irreale Bedingungssätze: ➛ K 53
- subjunktionale Nebensätze: manche Subjunktionen lösen einen Konjunktiv aus, der in der Regel im Deutschen mit Indikativ übersetzt wird (außer bei subjektiver Argumentation) ➛ S 87
- Konjunktiv in der berichteten Rede (oratio obliqua): ➛ O 67
- Indirekte Fragesätze: ➛ F 33
- Konjunktiv im Relativsatz ➛ R 82

Konsekutiv-Additiva

Konsekutiv-Additiva sind

➤ **Zusatzinformationen, die eine Folge oder eine logische Folgerung enthalten.**

➤ **Konjunktionen:**

ita: so, daher
itaque: deshalb, daher
ergo: folglich, also, deswegen
igitur (oft nachgestellt): also, demnach, somit

➤ **Subjunktionen:**

ut (m. Konj.): daß, so daß
➪ ita celeriter cucurrit, ut caderet: er / sie rannte so schnell, daß er / sie hinfiel
ut non (m. Konj.): daß nicht, so daß nicht
➪ attentus non fuit, ut non intellegeret: er war unaufmerksam, so daß er es nicht verstand

3. Deklination: **konsonantische Dekl.**

Singular		Plural
lex	Nom	leg-**es**
leg-**is**	Gen	leg-**um**
leg-**i**	Dat	leg-**ibus**
leg-**em**	Akk	leg-**es**
leg-**e**	Abl	leg-**ibus**

Singular		Plural
genus	Nom	gener-**a**
gener-**is**	Gen	gener-**um**
gener-**i**	Dat	gener-**ibus**
genus	Akk	gener-**a**
gener-**e**	Abl	gener-**ibus**

Substantive der konsonantischen Deklination sind:

➤ **masculinum oder femininum**

➪ lex, legis f.: Gesetz
regio, regionis f.: Gegend
miles, militis m.: Soldat
pes, pedis m.: Fuß

➤ **neutrum**

➪ genus, generis n.: Geschlecht, Art
ius, iuris n.: Recht
caput, capitis n.: Kopf

➤ **Anmerkung:** Die Nominativformen m./f. werden mit -s (z. B. lex, laus etc.) oder ohne -s (z. B. regio, consul etc.) gebildet. Erst im Genitiv Singular ist der Stamm erkennbar (z. B. leg-is, laud-is etc.) bzw. region-is, consul-is etc.)
Die Neutra zeigen im Nominativ Singular (= Akkusativ Singular) den eigentlichen Stamm. Die anderen Kasus zeigen meist Stammveränderungen (z. B. nomen, nomin-is; caput, capit-is)

konsonantische Verben

Die konsonantischen Verben enden im Präsensstamm auf einen Konsonanten. Daher sind bei vielen Formen Aussprechvokale erforderlich (vgl. dazu ➛ A 18).

Die konsonantischen Verben haben keine Standard-Stammreihe (vgl. dazu ➛ S 85).
Es finden sich alle Veränderungsmöglichkeiten der Perfekt-Bildung:

- Perfektbildung mit -v-: ⇨ petere – peto – petivi – petitum: erbitten, erstreben
- Perfektbildung mit -u-: ⇨ alere – alo – alui – altum: ernähren
- Dehnung: ⇨ agere – ago – egi – actum: handeln, treiben, tun, verhandeln *(hier mit Ablaut)*
- Perfektbildung mit -s-: ⇨ laedere – laedo – laesi – laesum: verletzen
- Reduplikation: ⇨ currere – curro – cucurri – cursum: rennen, eilen
- ohne Veränderung: ⇨ defendere – defendo – defendi – defensum: verteidigen

Anmerkung: Zu dieser Gruppe werden auch Verben mit -u- gerechnet, z. B. arg-u-ere, stat-u-ere.

Konzessiv-Additiva

Konzessiv-Additiva sind

➤ **Zusatzinformationen, die einen „Gegengrund“ zu einem Handlungsgeschehen enthalten.**

➤ **Konjunktionen:**
tamen: dennoch
atqui: und doch

➤ **Subjunktionen:**
cum (m. Konj.): obwohl (cum concessivum)
➪ cum id scias, non dicis: obwohl du es weißt, sagst du es nicht
quamquam (m. Ind.): obwohl
➪ quamquam polliciti eratis, non venistis: obwohl ihr es versprochen hattet, kamt ihr nicht
quamvis (m. Konj.): wie sehr auch, obwohl
➪ quamvis quaeram, non invenio: wie sehr ich auch suche, ich finde es nicht
ut (m. Konj.): wenn auch, obwohl (ut concessivum)
➪ ut desint vires, tamen est laudanda voluntas: wenn auch die Kräfte fehlen, ist dennoch der Wille zu loben

Korrespondierende Pronomina

Korrespondierende Pronomina sind Pronomina, die sich wechselseitig aufeinander beziehen:

talis, tale:	so beschaffen	↔	**qualis, quale:**	wie beschaffen
tantus, a, um:	so groß	↔	**quantus, a, um:**	wie groß
tantum:	so viel	↔	**quantum:**	wie (viel)
tot (undekl.):	so viele	↔	**quot (undekl.):**	wie viele

Entsprechend den korrespondierenden Pronomina gibt es auch korrespondierende Adverbien:

eo:	dorthin	↔	**quo:**	wohin
totiens:	so oft	↔	**quotiens:**	wie oft
inde:	von dort	↔	**unde:**	von wo
ibi:	dort	↔	**ubi:**	wo
tam:	so	↔	**quam:**	wie
tamdiu:	so lange	↔	**quamdiu:**	wie lange
tantopere:	so sehr	↔	**quantopere:**	wie sehr

3. Deklination: **Misch-Deklination**

Singular		Plural
urbs	Nom	urb-**es**
urb-**is**	Gen	urb-**ium**
urb-**i**	Dat	urb-**ibus**
urb-**em**	Akk	urb-**es**
urb-**e**	Abl	urb-**ibus**

Singular		Plural
coll-**is**	Nom	coll-**es**
coll-**is**	Gen	coll-**ium**
coll-**i**	Dat	coll-**ibus**
coll-**em**	Akk	coll-**es**
coll-**e**	Abl	coll-**ibus**

Substantive der Misch-Deklination sind:

➤ **masculinum oder femininum**

Substantive auf -es oder -is ohne Veränderung der Silbenzahl
⇨ clades, cladis f.: Niederlage
collis, collis m.: Hügel

Substantive mit zwei Konsonanten vor der Genitivendung -is
⇨ mons, montis m.: Berg
urbs, urbis f.: Stadt

Ausnahmen (also Gen. Pl. -um):
⇨ mater, matris: Mutter und pater, patris: Vater und frater, fratris: Bruder
parentes: Eltern
sedes, sedis f.: Sitz (im Gen. Pl. kommt -um und -ium vor)
iuvenis, iuvenis .: Jüngling
canis, canis m. f.: Hund

Misch-Verben

Die Misch-Verben sind konsonantische Verben mit i-Erweiterung: capere – cap-i-o – cepi – captum: fassen. Rein äußerlich (ohne Berücksichtigung der Vokal-Länge des -i-) haben diese Misch-Verben meist dieselben Formen des Präsens-Stammes wie i-Verben. Konsonantische Formen:

➤ Infinitive:
- ➪ capere (Aktiv): fassen
- ➪ capi (Passiv): gefaßt werden
- ➪ pati (Deponens): dulden

➤ Imperative:
- ➪ cape!: fasse!
- ➪ capite!: faßt!
- ➪ patere!: dulde!

➤ Konjunktiv GZ II: ➪ caperem: ich würde fassen; caperes – caperet etc.

➤ Beachte: ➪ caperis: du wirst gefaßt (2. Person Präsens Indikativ Passiv)

Die Misch-Verben haben keine Standard-Stammreihe (vgl. dazu ➛ S 85).
Es finden sich alle Veränderungsmöglichkeiten der Perfekt-Bildung:

➤ Perfektbildung mit -v-: ➪ cupere – cupio – cupivi – cupitum: wünschen

➤ Perfektbildung mit -u-: ➪ rapere – rapio – rapui – raptum: rauben

➤ Dehnung: ➪ capere – capio – cepi – captum: fassen *(hier mit Ablaut)*

➤ Perfektbildung mit -s-: ➪ conspicere – conspicio – conspexi – conspectum: erblicken

➤ Reduplikation: ➪ parere – pario – peperi – partum: gebären, erzeugen

Modi des Verbs

Die Modi eines Verbs (Singular: der Modus) sind Aussageweisen eines Verbs: sie zeigen die Einstellung des Sprechenden zu dem, was er inhaltlich sagt, ob er das Gesagte als Realität verstanden wissen will, als Anweisung (= Anordnung) betrachtet oder als etwas, was zum Zeitpunkt der Aussage eine nicht oder noch nicht existente Wirklichkeit darstellt.

- **Indikativ – Modus der Wirklichkeit:** Das Gesagte soll als faktische oder fiktive Realität angesehen werden, war es oder wird es in der Zukunft sein.

- **Konjunktiv – Modus der Nicht-Wirklichkeit:** Das Gesagte stellt keine reale Gegebenheit dar. Es kann zur Realität werden (= Möglichkeit) oder der Sprechende ist sich sicher, daß es eine Hypothese bleiben wird, d. h. nie Realität wird oder war (Irrealis).
  Zu den Konjunktiven in Neben-Sätzen siehe ➛ K 55

- **Imperativ – Modus des Befehls:** Das Gesagte enthält einen Befehl oder eine direkte Anweisung an ein Gegenüber.

Nomina

➤ **Die Nomina (Singular: das Nomen) sind „Nennwörter“,**

- die eine Person oder einen Gegenstand nennen = **Substantive** ➛ S 88
- die deren Merkmale, Eigenschaften nennen = **Adjektive** ➛ A 12
- die Stellvertreter für ein bereits genanntes Nomen sind = **Pronomina** ➛ P 77
- die eine Zahl- oder Maßangabe enthalten = **Numeralia** (~ Adjektive) ➛ Z 100

➤ **Veränderungsmöglichkeiten der Nomina** (außer Kardinalzahlen ab 4)**:**

- Kasus (siehe dazu ➛ K 50)
- Numerus: Singular (Einzahl) und Plural (Mehrzahl)
- Genus: Geschlecht eines Substantivs (siehe dazu ➛ S 88)

Nominal-Prädikativum

Das Nominal-Prädikativum ist ein Nomen (Substantiv oder Adjektiv), das die Wertigkeit eines Prädikats einnimmt, aber die „äußere Form“ eines Attributs besitzt, d. h. eine Kasus-Numerus-(Genus)-Übereinstimmung zum Bezugswort hat.

➤ **Funktion:**

Amici venerunt.	Die Freunde sind gekommen.
Marcus ultimus venit.	„Der letzte Marcus ist gekommen“ hätte nur einen Sinn, wenn es mehrere Freunde mit Namen Marcus gäbe, ultimus also dann der Unterscheidung oder näheren Kennzeichnung diente (= Funktion des Attributs ➛ A 16). „Marcus ist gekommen, dabei war er der letzte, der kam“: ultimus hat also die Funktion eines Zusatzprädikats (= Funktion eines Nominal-Prädikativums).
Milites integri redierunt.	„Die unverwundeten Soldaten kehrten heim“ (integri als Attribut zur näheren Kennzeichnung, welche Soldaten denn nun heimkehrten!) würde bedeuten, daß möglicherweise verwundete Soldaten nicht heimkehrten. „Die Soldaten kehrten heim, und sie waren unverwundet = sie kehrten unverwundet heim“ – integri hat in diesem Zusammenhang sicher nicht die Funktion eines Attributs, sondern die Funktion eines Nominal-Prädikativums! Die Deutung Attribut oder Nominal-Prädikativum ist abhängig vom Kontext und nicht grammatisch entscheidbar.

➤ **Übersetzung:** ein Nominal-Prädikativum kann z. B. mit „als...“ in den deutschen Satz eingebaut werden oder auch im Deutschen als reines Nominal-Prädikativum:

Id puer didicisti.	Das hast du **als** Knabe gelernt.
Puer laetus ludit.	Der Junge spielt fröhlich.

(Unterscheide auch im Deutschen: „Der Kellner brachte den kalten Braten auf den Tisch“ - „kalt“ ist hier Attribut.
„Der Kellner brachte den Braten kalt auf den Tisch“ - „kalt“ ist Nominal-Prädikativum.)

o-Deklination

Singular		Plural
mur-**us**	Nom	mur-**i**
mur-**i**	Gen	mur-**orum**
mur-**o**	Dat	mur-**is**
mur-**um**	Akk	mur-**os**
mur-**o**	Abl	mur-**is**

Singular		Plural
lib-e-**r**	Nom	libr-**i**
libr-**i**	Gen	libr-**orum**
libr-**o**	Dat	libr-**is**
libr-**um**	Akk	libr-**os**
libr-**o**	Abl	libr-**is**

Singular		Plural
verb-**um**	Nom	verb-**a**
verb-**i**	Gen	verb-**orum**
verb-**o**	Dat	verb-**is**
verb-**um**	Akk	verb-**a**
verb-**o**	Abl	verb-**is**

Substantive der o-Deklination sind

➤ **masculinum auf -us: Normalfall**
femininum auf -us: Bäume, Länder
➪ murus, muri m.: Mauer
fagus, fagi f.: Buche
Aegyptus, Aegypti f.: Ägypten

➤ **masculinum auf -er**
➪ liber, libri m.: Buch (-e- gehört nicht zum Stamm)
vesper, vesperi m.: Abend (-e- gehört zum Stamm)

➤ **neutrum auf -um**
➪ verbum, verbi n.: Wort

Oratio obliqua: Berichtete Rede

Caesar sagte zu Ariovist: ...	Direkte Rede	Berichtete Rede	Caesar ließ Ariovist ausrichten ...
➪ Hoc postulo. Das fordere ich. ➪ Haedui amici mei sunt. Die Häduer sind meine Freunde.	**Aussage-Sätze**	**AcI**	➪ ... **se** hoc **postulare.** ... das fordere er. ➪ ... **Haeduos** amicos suos **esse.** ... die Häduer seien seine Freunde.
➪ Desine alios vexare! Hör auf, andere zu quälen ! ➪ Noli iniuriam facere! Begehe kein Unrecht!	**Befehl**	**Konjunktiv**	➪ ... **desineret** alios vexare. ... er solle aufhören, ... zu quälen. ➪ ... **ne** iniuriam **faceret.** ... er solle kein Unrecht begehen.
➪ Quid in animo habes? Was hast du im Sinn? ➪ Cur non ad colloquium venis? Warum kommst du nicht zur Unterredung?	**Fragen**	**Indirekte Fragen**	➪ ... **quid** in animo **haberet.** ... was er im Sinn habe. ➪ ... **cur** non ad colloquium **veniret.** ... warum er nicht ... komme.
➪ Quotiens hoc tibi dixi! Wie oft habe ich dir das gesagt!	**Rhetorische Frage**	**AcI**	➪ ... **quotiens se** hoc ei **dixisse.** ... wie oft er ihm dies gesagt habe.
➪ Redde obsides, quos habes! Gib die Geiseln zurück, die du hast! ➪ Si id feceris, amicitia tibi mecum erit. Wenn du das getan hast, wird uns Freundschaft verbinden.	**Neben-Sätze**	**Konjunktiv**	➪ ... redderet obsides, **quos haberet.** ... er solle die Geiseln, die er habe, zurückgeben. ➪ ... **si fecisset**, amicitiam fore. ... wenn er das getan habe, werde sie Freundschaft verbinden

Ortsangaben

Ortsangaben werden in der Regel durch Präposition + Ablativ oder Akkusativ formuliert. Bei Namen von Städten, kleinen Inseln und bei einigen Einzelausdrücken steht normalerweise der bloße Kasus:

➤ **Frage „woher?“ – Ablativ (Separativ)**

- Athenis: aus Athen
- Romā: aus Rom
- Rhodo: von Rhodos
- aber: **ex** Africa: aus Afrika; **e** Sicilia: von Sizilien
- rure: vom Land; domo: von zu Hause; humo: vom Boden

➤ **Frage „wohin?“ – Akkusativ (des Ziels)**

- Athenas: nach Athen
- Romam: nach Rom
- Rhodum: nach Rhodos
- aber: **in** Africam: nach Afrika; **in** Siciliam: nach Sizilien
- rus: aufs Land; domum: nach Hause; humum: auf den Boden

➤ **Frage „wo?“ – Ablativ**

- Athenis: in Athen
- Carthagine: in Karthago
- aber: **in** Africa: in Afrika; **in** Sicilia: in (auf) Sizilien

statt dessen die alte Lokativ-Endung -i:

- Romae (gesprochen: Romai): in Rom
- Corinthi: in Korinth
- Rhodi: auf Rhodos
- ruri: auf dem Land; domi: zu Hause; humi: auf dem Boden

Partizipien des Verbs

		Aktiv – Verben	Deponentien
➤ **Das Partizip der Gleichzeitigkeit (Aktiv)**			
Bildung:	Stamm + nt + Endung (ev. + Aussprechvokal)	voca-ns, voca-nt-is	imita-ns, imitant-is
Deklination:	Singular: konsonantische Deklination	mone-ns, mone-nt-is	vere-ns, vere-nt-is
	Plural: i-Deklination	audi-e-ns, audi-e-nt-is	assenti-e-ns, assenti-e-nt-is
Übersetzung:	vocans: rufend	mitt-e-ns, mitt-e-nt-is	sequ-e-ns, sequ-e-nt-is
	verens: fürchtend	cap-i-e-ns, cap-i-e-nt-is	pat-i-e-ns, pat-i-e-nt-is
➤ **Das Partizip der Vorzeitigkeit**		***Passiv***	***Aktiv***
Bildung:	wird als „Supinstamm“ mit dem Verb mitgelernt	vocatus, a, um	imitatus, a, um
Deklination:	nach der a- und o-Deklination	monitus, a, um	veritus, a, um
Übersetzung:	vocatus, a, um: gerufen	auditus, a, um	assensus, a, um
	veritus, a, um: gefürchtet habend	missus, a, um	secutus, a, um
		captus, a, um	passus, a, um
➤ **Das Partizip der Nachzeitigkeit (Aktiv)**			
Bildung:	-urus statt -us des Partizips der Vorzeitigkeit	vocaturus, a, um	imitaturus, a, um
Deklination:	nach der a- und o-Deklination	moniturus, a, um	veriturus, a, um
Übersetzung:	vocaturus, a, um: im Begriff, willens zu rufen	auditurus, a, um	assensurus, a, um
	secuturus, a, um: im Begriff. willens zu folgen	missurus, a, um	secuturus, a, um
		capturus, a, um	passurus, a, um

Participium coniunctum

Das Participium coniunctum (p. c.) ist ein „Satz im Satz“, d. h. ein eigenständiges Informationszentrum (➛ S 83). **Unterschied zum Ablativus absolutus (abl. abs.:** ➛ A 8)**: das Bezugswort zum Partizip hat eine Doppelfunktion – es ist Subjekt des p. c. und hat zugleich eine weitere Funktion im Basis-Satz (Subjekt, Attribut, Objekt, präpositionale Anbindung), es ist mit ihm „verbunden“ („coniunctum“).**

➤ **Subjekt:** a) **Nomen im Nominativ** (Subjekt des Basis-Satzes)
b) **Nomen in jedem beliebigen Kasus** z. B. Objekt, Attribut etc. des Basis-Satzes)

➤ **Prädikat:** **Partizip im selben Kasus wie das Nomen**

➤ **Zeitverhältnisse:**

Gleichzeitigkeit (➛ Z 101): Partizip der Gleichzeitigkeit
Vorzeitigkeit (➛ Z 101): Partizip der Vorzeitigkeit
Nachzeitigkeit (➛ Z 101): Partizip der Nachzeitigkeit

➤ **Wiedergabe:**

Caesar ***Germanos*** in Galliam ***influentes*** reppulit.

Parenthese: Caesar drängte ***die Germanen*** – ***sie*** strömten nach Gallien ein – wieder zurück.
Neben-Satz: meist adverbial (je nach Kontext „als, weil, obwohl“): Caesar drängte die Germanen, als sie nach Gallien einströmten, wieder zurück.
seltener mit Relativsatz: Caesar drängte die Germanen, die nach Gallien einströmten, wieder zurück.
Haupt-Satz: Die Germanen strömten nach Gallien ein. Caesar drängte sie jedoch wieder zurück.

➤ **Erweiterungen:** Wie jedes Informationszentrum kann das p. c. durch attributive und prädikative **Additiva** (➛ A 10) erweitert werden.

Perfektbildung der Verben: Aktiv

Perfekt, Plusquamperfekt und Futur II (Perfektfutur) werden vom Perfektstamm gebildet. Der Perfekt-Stamm der Verben entsteht durch Veränderung des Präsens-Stammes. Welches Verb seinen Präsens-Stamm wie verändert, läßt sich am „Aussehen" des Verbs nicht erkennen, die Perfektbildung wird in der Stammreihe (➛ S 85) deutlich.
(vgl. dazu im Deutschen gehen – ging – gegangen, aber sehen – sah – gesehen!)

		Präsensstamm	Perfektstamm
➤ **Veränderung durch -v-**	**vocare – voco – vocavi**	voca-	vocav-
	flere – fleo – flevi	fle-	flev-
	sinere – sino – sivi	sin-	siv-
➤ **Veränderung durch -u-**	**alere – alo – alui**	al-	alu-
	salire – salio – salui	sali-	salu-
	tacere – taceo – tacui	tace-	tacu-
➤ **Veränderung durch -s-**	**ridere – rideo – risi**	ride-	ris-
	vincire – vincio – vinxi	vinci-	vinx-
	mittere – mitto – misi	mitt-	mis-
➤ **Reduplikation der ersten Silbe**	**currere – curro – cucurri**	curr-	cucurr-
	pendere – pendeo – pependi	pende-	pepend-
	dare – do – dedi	da-	ded-
➤ **Dehnung (z.T. mit Ablaut)**	**sedere – sedeo – sedi**	sede-	sed-
	facere – facio – feci	fac(i)-	fec-
	agere – ago – egi	ag-	eg-
➤ **ohne Veränderung**	**comperire – comperio – comperi**	Präsensstamm = Perfektstamm: comper(i)-	
	vertere – verto – verti	Präsensstamm = Perfektstamm: vert-	
	ruere – ruo – rui	Präsensstamm = Perfektstamm: ru-	

Perfektbildung der Verben: Passiv

Die Verbformen des Passivs im Perfekt, Plusquamperfekt und Futur II sind zusammengesetzt aus dem Partizip der Vorzeitigkeit (Genus- und Numerus-Übereinstimmung mit Subjekt) und Formen von esse.

Beispiele:	vocatus sum	– ich bin „ein gerufener“	=	ich bin gerufen (worden)
	vocata erat	– sie war „eine gerufene“	=	sie war gerufen (worden)
	missi sunt	– sie sind „geschickte“	=	sie sind geschickt (worden)

➤ **Indikativ Perfekt:**	vocatus, a, um sum vocati, ae, a sumus	vocatus, a, um es vocati, ae, a estis	vocatus, a, um est vocati, ae, a sunt
➤ **Konjunktiv VZ I:**	vocatus, a, um sim vocati, ae, a simus	vocatus, a, um sis vocati, ae, a sitis	vocatus, a, um sit vocati, ae, a sint
➤ **Indikativ Futur II:**	vocatus, a, um ero vocati, ae, a erimus	vocatus, a, um eris vocati, ae, a eritis	vocatus, a, um erit vocati, ae, a erunt
➤ **Indikativ Plusquamperfekt:**	vocatus, a, um eram vocati, ae, a eramus	vocatus, a, um eras vocati, ae, a eratis	vocatus, a, um erat vocati, ae, a erant
➤ **Konjunktiv VZ II:**	vocatus, a, um essem vocati, ae, a essemus	vocatus, a, um esses vocati, ae, a essetis	vocatus, a, um esset vocati, ae, a essent

Personalpronomina

	Nom.	Gen.	Dat.	Akk.	Abl.
➤ **1. Person Singular: ich**	ego	mei (meiner)	mihi	me	me
➤ **1. Person Plural: wir**	nos	nostri (unser)	nobis	nos	nobis
➤ **2. Person Singular: du**	tu	tui (deiner)	tibi	te	te
➤ **2. Person Plural: ihr**	vos	vestri (euer)	vobis	vos	vobis
➤ **3. Person Singular und Plural (reflexiv)**	–	sui	sibi	se	se

➤ **3. Person Singular und Plural (nicht-reflexiv): s. Anm. 3**

➤ **Anmerkung 1** Im Nominativ fehlt das Pronomen fast immer, es sei denn, es soll hervorgehoben werden. In den anderen Kasus fehlt es öfters auch, wenn der Kontext eindeutig ist.

➤ **Anmerkung 2** Bei nos und vos gibt es eine eigene Form des Genitivus partitivus: quis **vestrum**? nemo **nostrum.**

➤ **Anmerkung 3** In der 3. Person verwendet das Lateinische regelmäßig *kein* Personalpronomen. Als nichtreflexives Personalpronomen der 3. Person dienen die Formen des Pronomens is, ea, id, auch der Pronomina hic, ille und iste. Diese Formen stehen dann, wenn der Sprecher sie der Deutlichkeit halber für nötig hält.

Personenzeichen

Die lateinischen Verbformen enthalten Personenzeichen, die Informationen zum Subjekt geben. Ein Personalpronomen (➝ P 73) steht nur, wenn Kontext oder Situation es erfordert.

	Aktiv	Passiv	Indikativ Perfekt Aktiv
ich	**- o / - m**	**- or / - r**	**- i**
du	**- s**	**- ris**	**- isti**
er, sie, es	**- t**	**- tur**	**- it**
wir	**- mus**	**- mur**	**- imus**
ihr	**- tis**	**- mini**	**- istis**
sie	**- nt**	**- ntur**	**- erunt**

Possessivpronomina

Die Possessivpronomina zeigen Besitz bzw. Zugehörigkeit an. Sie haben die gleiche Funktion wie ein Nomen im Genitiv.

	Singular	Plural
1. Person	**meus, mea, meum** mein	**noster, nostra, nostrum** unser
2. Person	**tuus, tua, tuum** dein	**vester, vestra, vestrum** euer
3. Person (reflexiv)	**suus, sua, suum** sein, ihr	**suus, sua, suum** ihr
3. Person (nichtreflexiv)	**eius** (Genitiv von is) sein, ihr, dessen, deren	**eorum, earum, eorum** ihr, deren

Beachte:

Meum est + Infinitivausdruck ⇨ es ist meine Sache zu ...
es ist meine Aufgabe zu ...

Tuum, nostrum, vestrum est ... ⇨ es ist deine, unsere, eure Sache zu ...
es ist deine, unsere, eure Aufgabe zu ...

Präpositionen

Die Präpositionen waren ursprünglich Adverbien, die die Funktion eines Kasus hervorhoben.

➤ **Präpositionen mit Akkusativ verbunden:**

ad: zu, an, bei
apud: bei
cis, citra: diesseits
extra: außerhalb
intra: innerhalb
penes: bei, im Besitz von
praeter: vorbei an, außer
secundum: gemäß, entlang, längs
trans: jenseits, über, über ... hinüber

adversus: gegenüber, gegen
circa: um ... herum, ungefähr um
contra: gegenüber, gegen
infra: unterhalb
iuxta: neben, nahe, gemäß
per: durch, durch ... hindurch
prope: nahe bei, in der Nähe von
super: über, oben auf
ultra: jenseits, über ... hinaus

ante: vor
circum: um ... herum, ungefähr um
erga: gegen (im freundlichen Sinne)
inter: zwischen, unter, während
ob: wegen
post: hinter, nach
propter: nahe bei, wegen
supra: oberhalb

➤ **Präpositionen mit Ablativ verbunden:**

a, ab, abs: von, von ... her, von ... weg, seit
de: von ... herab, „betreffs"
pro: vor, für, im Vergleich zu

coram: vor, in Gegenwart von
ex, e: aus, aus ... heraus, seit
sine: ohne

cum: mit, zusammen mit
prae: vor, vor ... her (räumlich)

➤ **Präpositionen mit Akkusativ (Frage: wohin?) oder Ablativ (Frage: wo?) verbunden:**

in: in, an, auf, nach, gegen, zu

sub: unter, in unmittelbarer Nähe von

➤ **Präpositionen, die eigentlich „Postpositionen" sind, weil dem Substantiv nachgestellt:**

causā (b. Gen.): wegen, um ... willen

gratiā (b. Gen.): wegen, um ... willen

Pronomina

Pronomina (Singular: das Pronomen) sind Stellvertreter (Ersatzwörter) für Substantive. Um ein vollwertiger Ersatz sein zu können, müssen die Pronomina veränderbar sein in:

- **Kasus**
- **Numerus**
- **Genus**

Entsprechend ihrem Bedeutungsgehalt werden unterschieden:

- Personalpronomina → P 73
- Possessivpronomina → P 75
- Demonstrativpronomina → D 24
- Interrogativpronomina → F 32
- Relativpronomina → R 81
- Indefinitpronomina → I 45
- Korrespondierende Pronomina → K 60

- **Hinweis: alphabetische Übersicht der einzelnen Pronomina** → **P 78**

Alphabetische Gesamtübersicht der Pronomina mit Hinweis auf die Fundstellen:

aliquis, aliquid: irgendjemand ➛ I 45
ego: ich ➛ P 73
hic, haec, hoc: dieser ➛ D 24
idem, eadem, idem: derselbe ➛ D 24
ille, illa, illud: jener, dieser ➛ D 24
ipse, ipsa, ipsum: selbst, er selbst ➛ D 24
is, ea, id: er, dieser ➛ D 24
iste, ista, istud: dieser da ➛ D 24
meus, mea, meum: mein ➛ P 75
nemo (Gen.: nullius): niemand ➛ I 45
nihil (Gen.: nullius rei): nichts ➛ I 45
nos: wir ➛ P 73
noster, nostra, nostrum: unser ➛ P 75
nullus, a, um: kein ... ➛ I 45
qualis, quale: wie beschaffen ➛ K 60
quantus, a, um: wie groß ➛ K 60

qui, quae, quod?: welcher ... ? ➛ F 32
qui, quae, quod: der, welcher ➛ R 81
quicumque (quisquis): wer auch immer ➛ R 81
quilibet, quaelibet, quodlibet: jeder beliebige ➛ I 45
quis, quid?: wer ➛ F 32
quisquam, quicquam: jemand ➛ I 45
quisque: jeder ➛ I 45
quivis, quaevis, quodvis: jeder beliebige ➛ I 45
suus, sua, suum: sein (reflexiv) ➛ P 75
talis, tale: so beschaffen ➛ K 60
tantus, a, um: so groß ➛ K 60
tu: du ➛ P 73
tuus, a, um: dein ➛ P 75
ullus, a, um: irgendein ... ➛ I 45
vester, vestra, vestrum: euer ➛ P 75
vos: ihr ➛ P 73

Pronominaladjektive

Die Pronominaladjektive sind Adjektive, die ihrer Bedeutung nach den Pronomina nahestehen und im Genitiv Singular und Dativ Singular die charakteristischen Deklinationsendungen der Pronomina aufweisen: -ius und -i. In allen übrigen Kasus richten sich die Endungen nach der o- und a-Deklination.

➤ **Merkvers: unus – solus – totus – ullus**
uter – alter – neuter – nullus
und uterque haben alle
-ius in dem zweiten Falle,
und im Dativ enden sie
wie alii auf langes -i !

➤ **alius, alia, aliud:** ein anderer (Gen. Sing.: meist alterius)

➤ **alter, altera, alterum:** der eine, der andere (von zweien!)

➤ **neuter, neutra, neutrum:** keiner von beiden

➤ **nullus, nulla, nullum:** keiner, kein ...

➤ **solus, sola, solum:** allein, der einzige

➤ **totus, tota, totum:** ganz

➤ **unus, una, unum:** einer, ein einziger ...

➤ **ullus, ulla, ullum:** irgendein ... (adjektivisch)

➤ **uterque, utraque, utrumque:** jeder von beiden ➪ uterque consul cecidit: jeder der beiden Konsuln fiel, beide Konsuln fielen

Reflexivität

Von Reflexivität der 3. Person spricht man dann, wenn der durch ein Pronomen vertretene Begriff (Person, Sache) identisch ist mit dem Subjekt einer Informationseinheit: Haupt- oder Neben-Satz, AcI, p. c., abl. abs.

➤ **reflexives Personalpronomen der 3. Person:** Gen: **sui** Dat: **sibi** Akk: **se** Abl: **se**

➤ **reflexives Possessivpronomen der 3. Person:** **suus, a, um:** sein, ihr

➤ **Direkte Reflexivität:** **Reflexivpronomen steht für das Subjekt eines Haupt- oder Neben-Satzes bzw. für den Subjektsakkusativ im AcI:**

➪ ***Amicus*** id ***sibi*** fecit. Eum reprehendo, quod ***amicus*** commodo ***suo*** studuit. Doleo ***amicum*** id ***sibi*** fecisse.
Der Freund hat dies für sich selbst gemacht. Ich tadle ihn, weil er auf seinen Vorteil aus war. Ich bedaure, daß er dies nur für sich gemacht hat.

➤ **Indirekte Reflexivität:** **Reflexivpronomen steht bei konjunktivischen (innerlich abhängigen) Nebensätzen auch für das Subjekt des Basis-Satzes:**

➪ ***Ariovistus*** postulat, ut Caesar ad ***se*** veniret. ➤ **indirekte Reflexivität**
Ariovist fordert, daß Caesar zu ihm komme.

➪ Ariovistus postulat, ut ***Caesar*** statim ***se*** recipiat. ➤ **direkte Reflexivität**
Ariovist fordert, daß Caesar sich sofort zurückziehen solle.

Reflexivpronomen im Zusammenhang mit einem AcI, p. c. oder abl. abs. steht auch für das Subjekt des Basis-Satzes:

➪ ***Ariovistus*** quaeritur Caesarem non ad ***se*** venire. ➤ **indirekte Reflexivität**
Ariovist beklagt sich, daß Caesar nicht zu ihm komme.

➪ Ariovistus sperat ***Caesarem*** statim ***se*** recepturum esse. ➤ **direkte Reflexivität**
Ariovist hofft, daß Caesar sich sofort zurückziehen werde.

Relativpronomina

➤ **qui – quae – quod:**
welcher, welche, welches; der, die, das; wer

⇨

	Singular			Plural		
	m.	f.	n.	m.	f.	n.
Nom	qui	quae	quod	qui	quae	quae
Gen	cuius	cuius	cuius	quorum	quarum	quorum
Dat	cui	cui	cui	quibus	quibus	quibus
Akk	quem	quam	quod	quos	quas	quae
Abl	quo	qua	quo	quibus	quibus	quibus

➤ **quisquis, quidquid (quicquid):**
wer auch immer; was auch immer;
jeder, der

⇨ Das verallgemeinernde Relativpronomen quisquis und quidquid kommt im allgemeinen nur in diesen beiden Formen vor, sowie in der Verbindung quoquo modo: auf welche Weise auch immer, wie auch immer

➤ **quicumque – quaecumque – quodcumque:**
wer auch immer, welcher auch immer
jeder, der; alle, welche

⇨ Zusammensetzung aus Relativpronomen und dem Suffix -cumque

⇨ quicumque wird attributiv und substantivisch gebraucht:
quodcumque facis: was auch immer du tust
quodcumque oppidum visitabis: welche Stadt auch immer du besuchen wirst

Relativsätze werden eingeleitet mit einem Relativpronomen: Genus und Numerus richtet sich nach dem Bezugwort, der Kasus nach der Funktion des Relativpronomens innerhalb des Relativsatzes.

➤ **Bezugswort des Relativpronomens:**

Substantiv vor dem Relativpronomen	⇨	**Fidem**, **quam** postulas, dabo.
Substantiv nach dem Relativsatz	⇨	**Quam** iusserat aedificari, **classis** convenit.
Substantiv im Relativsatz	⇨	Ipse, **quo cornu** rem gessit, superior fuit.
Relativpronomen zwischen zusammengehörigem Pronomen + Substantiv	⇨	**Ea**, **qua** diximus, **aetate** id factum est.
Pronomen	⇨	**Hoc** est dictum, ex **quo** intellegi potest.
ganzer Satz als Bezug (Neutrum des Relativpronomens)	⇨	**Caesar clarus est**, **quod** nemo dubitat.
Bezugswort fehlt (sogen. Substantivsatz, im Deutschen muß / kann Pronomen eingesetzt werden)	⇨	**Qui** tacet, assentitur.

➤ **„Verschachtelung" mit AcI, p. c., abl. abs.:**

Im Deutschen zwei (verschachtelte) Sätze oder Parenthese	⇨	**Centurio**, **quem dixisse** constat, ... Der Zenturio, von dem feststeht, daß er gesagt hat ... Der Zenturio, der – das steht fest – gesagt hat ...
Im Deutschen substantivische Wendung	⇨	**Opus, quo perfecto** profecti estis, ... Das Werk, nach dessen Vollendung ihr abgereist seid, ...

➤ **Konjunktive im Relativsatz** (im Deutschen meist Indikativ): es besteht eine logische Sinn-Beziehung zwischen Relativsatz und Basis-Satz. Beim Indikativ enthält der Relativsatz eine faktische Erläuterung zu einem Nomen.

Logische Sinn-Beziehungen:	Grund / Gegengrund (kausal / konzessiv):	⇨	Reus, qui innocens esset, damnatus (non) est.
	Erklärung, Folge (konsekutiv):	⇨	Sunt, qui credant ...: es gibt Leute, die glauben ...
	Zweck / Absicht (final):	⇨	Legati venerunt, qui de pace agerent (die ... sollten).
	innere Abhängigkeit (subjektiv)	⇨	Ea comparavisti, quae necessaria essent.
	(auch im Deutschen steht Konjunktiv):	⇨	... das, was nötig sei (deiner Meinung nach)

Eine Informationseinheit ist eine in sich geschlossene „Aussage“ (Satz) und setzt sich zusammen aus:

➤ **Informationszentrum:** Subjekt = Bezugspunkt der Aussage, Mittelpunkt des Geschehens
Prädikat = Handlungsgeschehen;
Zustand, vom Subjekt ausgehend (Aktiv) oder das Subjekt betreffend (Passiv)

➤ **Additiva:** Zusatzinformationen ➛ A 10

➤ **Sprachlich begegnet uns im Lateinischen ein Informationszentrum in folgenden Formen:**

finite Verbstruktur:	Haupt-Satz, Neben-Satz (beide können Basis-Satz sein für Neben-Sätze)	
Partizip-Strukturen:	Ablativus absolutus (abl. abs.)	➛ A 8
	oder Participium coniunctum (p. c.)	➛ P 70
Infinitiv-Struktur:	Accusativus cum infinitivo (AcI)	➛ A 9

➤ **Bestandteile eines Informationszentrums sind:**

	Subjekt	**Prädikat**
finite Verb-Struktur:	Nomen im Nominativ	finite Verbform (d.h. mit Person-, Tempus-, Modus-Kennzeichnung)
Ablativus absolutus:	Nomen im Ablativ	Partizip oder Nomen im Ablativ
Participium coniunctum:	Nomen in beliebigem Kasus	Partizip im selben Kasus wie Nomen
AcI:	Nomen im Akkusativ	Infinitiv

Solitär – Infinitiv

Der Solitär-Infinitiv hat als Ergänzungsinfinitiv zu einem Prädikat (finite Verbform oder Partizip oder Infinitiv) keine Satzwertigkeit und demnach kein eigenes Subjekt, im Unterschied zum AcI (➛ A 9). Der Solitär-Infinitiv findet sich als:

➤ **Ergänzungsinfinitiv bei bestimmten Verben** (im Deutschen erweiterter oder nicht erweiterter Infinitiv):

- Non **cunctamur adesse**: Wir zögern nicht zu helfen.
- Res perspicua **esse coepit**: Die Sache begann durchschaubar zu sein.
- Amicus **venire** non **potuit**: Der Freund konnte nicht kommen.
- Catilina **coniurare audens** a Cicerone reprehensus est: Catilina, der es wagte, sich zu verschwören, wurde von Cicero angegriffen.
- Incolae putant oppidum **defendi posse**: die Einwohner glauben, daß die Stadt verteidigt werden könne.

➤ **Ergänzungsinfinitiv bei Passiv-Verben:** dici = „gesagt werden“, putari = „geglaubt werden“, videri = „scheinen“, iuberi = „geheißen werden“, argui = „beschuldigt werden“

Es empfiehlt sich, solche typisch lateinischen Redewendungen „notfalls” zunächst in „unmöglichem“ Deutsch zum besseren Verständnis des lateinischen Originals strukturgleich zu übersetzen, sich dann eine adäquate deutsche Endübersetzung zu suchen.

- Germani **dicuntur** caeruleos oculos **habere**: „Die Germanen werden gesagt, blaue Augen zu haben“
  = Man sagt von den Germanen, sie hätten blaue Augen.
- Milites **iubentur** castra **munire**: „Die Soldaten werden geheißen, das Lager zu befestigen“
  = Den Soldaten wird befohlen, das Lager zu befestigen.
- **Putaris** heri ibi **fuisse**: „Du wirst geglaubt, gestern dort gewesen zu sein“
  = Man glaubt von dir, daß du gestern dort warst.
- Hi **arguuntur** id **fecisse**: „Diese werden beschuldigt, das gemacht zu haben“
  = Man beschuldigt diese, das gemacht zu haben.
- Omnes id **fecisse videntur**: „Alle scheinen dies gemacht zu haben“
  = Es scheint so, als hätten alle dies gemacht.

Stämme eines Verbs

Jedes Verb hat drei verschiedene Stämme: Präsensstamm – Perfektstamm – Supinstamm

➤ Diese 3 Stämme bilden die **„Stammreihe“** eines Verbs. Die Aufzählung enthält vier Angaben:

➤ 1. Infinitiv Präsens:	vocáre	monére	míttere	audíre	cápere
➤ 2. „ich ... “ im Präsens:	voco	moneo	mitto	audio	capio
➤ 3. „ich ... “ im Perfekt:	vocavi	monui	misi	audivi	cepi
➤ 4. Supinum:	vocatum	monitum	missum	auditum	captum

➤ Aus diesen vier Angaben sind die **drei Stämme** eines Verbs erkennbar:

aus 1. und 2.:	Präsensstamm:	voca-	mone-	mitt-	audi-	cap(i)-
aus 3.:	Perfektstamm:	vocav-	monu-	mis-	audiv-	cep-
aus 4.:	Partizip Vorzeitigkeit:	vocatus, a, um	monitus, a, um	missus, a, um	auditus, a, um	captus, a, um
	Partizip Nachzeitigkeit:	vocaturus, a, um	moniturus, a, um	missurus, a, um	auditurus, a, um	capturus, a, um

➤ Die oben aufgezählten Verb-Stämme liegen jeweils folgenden Formen zugrunde:

Präsensstamm:	Aktiv- und Passiv-Formen im Präsens, Imperfekt und Futur I
Perfektstamm:	Aktiv-Formen im Perfekt, Plusquamperfekt und Futur II
Partizip Vorzeitigkeit:	Passiv-Formen im Perfekt, Plusquamperfekt und Futur II

Steigerung der Adjektive

➤ **Steigerungsstufen**

Postitiv: Normalform des Adjektivs
Komparativ: Vergleichsstufe („höher, größer") oder absolut ohne direkten Vergleich („allzu groß, relativ groß")
Superlativ: Höchststufe („der höchste, größte") oder Elativ ohne Gegenüberstellung („sehr groß, äußerst groß")

		Komparativ	Superlativ
➤ **„Normalsteigerung"**		**-ior (m. f.), -ius (n.)**	**-issimus, a, um**
		altus: alt-ior, alt-ius	altus: alt-issimus, a, um
		brevis: brev-ior, brev-ius	brevis: brev-issimus, a, um
	Deklination:	nach der konsonantischen Deklination	nach der a- und o-Deklination
➤ **Varianten**	Adjektive auf -er:	„normal"	-errimus
		pulchrior; celerior	pulcherrimus; celerrimus
	Stammänderung:	magnus (groß): maior; parvus (klein): minor	maximus; minimus
		bonus (gut): melior; malus (schlecht): peior	optimus; pessimus
		multum (viel): plus (mehr)	plurimum (das meiste)
		multi (viele ...): plures (mehr ...)	plurimi (die meisten ...)
	similis, facilis etc.	similis (ähnlich): similior	simillimus
		facilis (leicht): facilior	facillimus
	mit magis - maxime:	arduus (steil): magis arduus	maxime arduus
		pius (fromm): magis pius	maxime pius

➤ **Unvollständige Steigerungsreihe**

Steigerungsformen, die kein Adjektiv als Positiv haben (sie werden als Vokabeln gelernt)

(prope) – propior (der nähere ...)	proximus (der nächste ...)
(intra) – interior (der innere ...)	intimus (der innerste ...)
(prae) – prior (der frühere ...)	primus (der erste ...)

Subjunktionen leiten Neben-Sätze ein und stellen eine temporale oder inhaltlich–logische Verknüpfung zweier Handlungsgeschehen her (alphabetische Aufzählung mit Hinweisen auf Fundstellen):

antequam: bevor	➛ T 90
cum (m. Ind.): als; jedesmal, wenn	➛ T 90
dadurch daß; wenn	
cum (m. Konj.): als, nachdem	➛ T 90
weil	➛ K 51
obwohl	➛ K 59
während dagegen	➛ A 14
donec: solange, bis	➛ T 90
dum: während; solange, bis	➛ T 90
dummodo: wenn nur, sofern	➛ T 90
etiamsi: auch wenn	➛ K 53
etsi: wenn auch	➛ K 53
ne: daß nicht, damit nicht	➛ F 31
nisi: wenn nicht	➛ K 53
postquam: nachdem	➛ T 90
priusquam: bevor	➛ T 90
quamdiu: solange	➛ T 90
quamquam: obwohl	➛ K 59
quamvis: wie sehr auch, obwohl	➛ K 59
quasi: gleichsam als ob	➛ K 52
quia: weil	➛ K 51
quin: daß, ohne daß	
quo (m. Komparativ): je	➛ K 52
quominus: damit, daß	➛ F 31
quoad: solange, bis	➛ T 90
quod: weil	➛ K 51
quod: die Tatsache, daß	
quodsi: wenn aber	➛ K 53
si: wenn	➛ K 53
simulatque: sobald	➛ T 90
sin (autem): wenn aber	➛ K 53
tametsi: wenn auch, obwohl	➛ K 53
tamquam si: gleichsam als ob	➛ K 52
ubi (primum): sobald	➛ T 90
ut (m. Ind.): wie	➛ K 52
ut (m. Konj.): daß, so daß	➛ K 56
daß, damit	➛ F 31
wenn auch	➛ K 59
ut (primum): sobald	➛ T 90
velut si: gleichsam als ob	➛ K 52

Substantive

➤ **Substantive werden dekliniert, d. h. sie können in 5 verschiedenen Kasus auftreten (→ K 50):**

Nominativ:	⇨ lex / leges	
Genitiv:	⇨ legis / legum	→ G 35
Dativ:	⇨ legi / legibus	→ D 22
Akkusativ:	⇨ legem / leges	→ A 15
Ablativ:	⇨ lege / legibus	→ A 7

➤ **Zugehörigkeit zu einer bestimmten Deklination, erkennbar durch Nennung des Nominativs und des Genitivs:**

a-Deklination	⇨ flamma, flammae: Flamme	→ A 11
e-Deklination	⇨ series, seriei: Reihe	→ E 27
o-Deklination	⇨ murus, muri: Mauer	→ O 66
u-Deklination	⇨ portus, portus: Hafen	→ U 93
3. Deklination:		
konsonantische Deklination	⇨ lex, legis: Gesetz	→ K 57
Misch-Deklination	⇨ mons, montis: Berg	→ M 61
i-Deklination	⇨ turris, turris: Turm	→ I 43

➤ **Da das Lateinische keine Artikel (Geschlechtswörter) kennt, wird zum Substantiv das Geschlecht angegeben:**

m.: männlich (masculinum)	⇨ flos, floris **m.**: die Blume
f.: weiblich (femininum)	⇨ arbor, arboris **f.**: der Baum
n.: sächlich (neutrum)	⇨ nomen, nominis **n.**: der Name

➤ **Das Supinum I ist eine Art Infinitiv (substantiviert) in Form eines Akkusativs.**
Es steht bei Verben, die eine Bewegung beinhalten, als Akkusativ des Ziels und bezeichnet das Ziel, den Zweck eines Handlungsgeschehens. Die Form ist identisch mit dem Supin-Stamm der Verben (siehe Stammreihen der Verben ➛ S 85).
Das Supinum I kann ein Objekt bei sich haben.

- venerunt ludos spectatum: sie kamen zum „die Spiele-Schauen"– sie kamen, um die Spiele anzuschauen
- missi sunt aquatum: sie sind geschickt worden zum Wasserholen – sie sind geschickt worden, Wasser zu holen

➤ **Das Supinum II ist eine Variante des Supinum I in Form eines Ablativs.**
Es steht auf die Frage „in welcher Hinsicht" (ablativus limitationis) bei Adjektiven wie gut, schlecht, angenehm, unangenehm, leicht, schwer, schön, schrecklich.

- horribile dictu: schrecklich zu sagen („in Hinsicht auf das Sagen")
- optimum factu est: es ist das beste zu tun ... („in Hinsicht auf das Tun")
- iucundum visu et auditu: angenehm zu hören und zu sehen („in Hinsicht auf das Hören ...")

Temporal-Additiva

Temporal-Additiva sind

➤ **Zusatzinformationen, die einen Zeitbezug zu einem Handlungsgeschehen herstellen.**

- **Akkusative:** **zeitliche Ausdehnung**
  - ⇨ multos annos: viele Jahre lang
- **Ablativ:** **Zeitpunkt**
  - ⇨ eo anno: in diesem Jahr
- **Präpositionen:**
  - **ante** (b. Akk.): vor ...
  - **ex, ab** (b. Abl.): seit ...
  - **inter** (b. Akk.): zwischen ...
  - **post** (b. Akk.): nach ...
- **Subjunktionen:**
  - **postquam, posteaquam** (m. Ind.): nachdem ...
  - **ut (primum), cum (primum), ubi (primum)** (m. Ind.): sobald ...
  - **simul, simulatque** (m. Ind.): sobald ...
  - **cum** (m. Ind.): damals, als ...; dann, wenn...
  - **cum** (m. Konj.): als, nachdem ...
  - **priusquam, antequam** (m. Ind.): bevor ...
  - **dum, donec, quoad** (m. Ind. oder Konj.): solange, bis ...; während ...
  - **dummodo, dum, modo** (m. Konj.): wenn nur ...; wofern ...
  - **quamdiu** (m. Ind.): solange

Tempora des Verbs

➤ **Präsens:**	gegenwärtiges (aktuelles) Geschehen	⇨ cantat: er / sie singt.
	zeitlos gültiges Geschehen	⇨ tempora mutantur: die Zeiten ändern sich.
	Praesens historicum: in der lebendigen Erzählung statt Perfekt	⇨ Caesar proponit: Caesar legt(e) dar.
➤ **Futur I:**	Zukünftige (erwartete) Handlung	⇨ librum leget: er / sie wird das Buch lesen
	allgemeingültige, zeitlose Aussage	⇨ semper aliquid fugiemus: wir werden immer vor etwas auf der Flucht sein.
➤ **Futur II:**	Vorzeitigkeit gegenüber einer Handlung der Zukunft (findet sich fast nur in Bezug zu Futur I)	⇨ si advenerit, gaudebo: wenn er / sie angekommen („sein wird") ist / ankommt, werde ich froh sein.
➤ **Imperfekt:**	Hintergrundshandlung zu einer Erzählung im Perfekt	⇨ Romani gladiis scutoque fortiter pugnabant. Tum ...: die Römer kämpften tapfer mit Schild und Schwert. Da ...
	Imperfekt de conatu: Bezeichnung eines Versuchs	⇨ portas perfringebant: sie versuchten, die Tore aufzubrechen.
➤ **Perfekt:**	Erzählzeit: Vorgang, der in der Vergangenheit geschah	⇨ animadversum est: es wurde bemerkt. Romani Carthaginem deleverunt: die Römer zerstörten Karthago.
	präsentisches Perfekt: gegenwärtiger Zustand aus einer Handlung der Vergangenheit	⇨ me terruisti: du hast mich erschreckt (nun bin ich erschrocken).
➤ **Plusquamperfekt:**	Handlung, die in der Vergangenheit vollendet ist: Vorvergangenheit; steht in Bezug zu einer Perfekt- oder Imperfekt-Handlung.	⇨ Naves refectae sunt. Tempestas eas afflixerat: Die Schiffe wurden repariert. Ein Sturm hatte sie beschädigt.

Übersetzungstechnik

Caesar omnibus ***vicis incensis*** se in fines Ubiorum ***recepit*** et ibi nonnullos dies ***moratus*** ab Ubiis ***comperit Suebos*** nuntios in omnes partes ***misisse***. ***Suebi*** bellum ***parare videbantur.***

➤ **Markierung der Informationszentren (➛ S 83):**

Caesar se recepit et ... comperit: finite Struktur
vicis incensis: Partizip-Struktur (abl. abs. ➛ A 8)
Caesar moratus: Partizip-Struktur (p. c. ➛ P 70)
Suebos misisse: Infinitiv-Struktur (AcI ➛ A 9)
Suebi videbantur: finite Struktur
(parare: Solitär-Infinitiv ➛ S 84)

➤ **Übersetzung der Informationszentren:**

Caesar - Dörfer waren angezündet worden – zog sich zurück und – er hatte sich aufgehalten – erfuhr, daß die Sueben losgeschickt hätten. Die Sueben schienen vorzubereiten.

➤ **Zuordnung der Additiva (➛ A 10):**

omnibus: Attribut zu vicis; in fines Ubiorum: Ortsangabe zu se recepit; ibi: Ortsadverb zu moratus; nonnullos dies: Zeitangabe zu moratus; ab Ubiis: Präpositional-Block zu comperit; nuntios: Objekt zu misisse; in omnes partes: Ortsangabe zu misisse; bellum: Objekt zu parare

➤ **Überlegungen zur deutschen Endübersetzung:**

Caesar hatte alle Dörfer anzünden lassen, zog sich dann ins Gebiet der Ubier zurück und erfuhr, nachdem er sich mehrere Tage dort aufgehalten hatte, von ihnen, die Sueben hätten Boten in alle Landesteile geschickt.
Die Sueben schienen einen Krieg vorzubereiten.

u-Deklination

Singular		Plural
man-**us**	Nom	man-**us**
man-**us**	Gen	man-**uum**
man-**ui**	Dat	man-**ibus**
man-**um**	Akk	man-**us**
man-**u**	Abl	man-**ibus**

Singular		Plural
corn-**u**	Nom	corn-**ua**
corn-**us**	Gen	corn-**uum**
corn-**u(i)**	Dat	corn-**ibus**
corn-**u**	Akk	corn-**ua**
corn-**u**	Abl	corn-**ibus**

Substantive der u-Deklination sind:

➤ **masculinum, (selten) femininum** ➪ portus, portūs m.: Hafen
manus, manūs f.: Hand

➤ **neutrum** ➪ cornu, cornūs n.: Horn, Flügel
genu, genūs n.: Knie

Unregelmäßige Deklinationsformen

➤ **a-Deklination**	➪ **familia**	➪ Genitiv Singular auf -as in dem Ausdruck: pater familias
	➪ **dea** und **filia**	➪ Dativ und Ablativ Plural: deabus und filiabus
	➪ **griechische Eigennamen** auf **-as** und **-es**	➪ werden nach der a-Deklination verändert: Aeneas – Aeneae – Aeneam ... Anchises – Anchisae – Anchisam ...
➤ **o-Deklination**	➪ **Substantive** auf **-ius**	➪ ziehen im Genitiv Singular oft -ii zu -i zusammen (imperii = imperi)
	➪ **deus**	➪ Nominativ Plural häufig di statt dei; Dativ und Ablativ Plural dis statt deis
	➪ **locus**	➪ Plural: loca, locorum = Stellen im Gelände, Gegend loci, locorum = Stellen im Buch, im Gelände
	➪ **Substantive** auf **-us**	➪ bilden einen eigenen Vokativ: domine = o Herr
➤ **u-Deklination**	➪ **domus**	➪ manche Formen richten sich nach der o-Deklination; adverbial oft: domo: von zu Hause; domi: zu Hause; domum: nach Hause
➤ **kons. Deklination**	➪ **Iuppiter**	➪ Iovis – Iovi – Iovem
	➪ **vas, vasis n.: das Gefäß**	➪ bildet den Plural nach der o-Deklination: vasa, vasorum
	➪ **bos, bovis m.f.: Rind**	➪ Genitiv Plur.: boum; Dativ und Ablativ Plur.: bobus oder bubus
	➪ **fas n.: göttliches Recht**	➪ nur Akkusativ und Nominativ
	➪ **nefas n.: Unrecht, Frevel**	➪ nur Akkusativ und Nominativ
➤ **i-Deklination**	➪ **vis f.: Kraft, Gewalt**	➪ hat nur Nominativ – Akkusativ – Ablativ: vis – vim – vi Plural: vires, virium: Kräfte

Unregelmäßige Verben

Die unregelmäßigen Verben bilden in der Regel nur im Präsens, Imperfekt und Futur I von der üblichen Norm abweichende Formen. Im Perfekt, Plusquamperfekt und Futur II sind die Formen „normal“ (jeweilige Stammreihe beachten!):

➤	esse und Komposita	→ E 26
➤	ferre und Komposita	→ F 29
➤	fieri	→ F 30
➤	ire und Komposita	→ I 48
➤	velle – nolle – malle	→ V 96
➤	Verba defectiva	→ V 97
➤	posse – possum – potui (können)	Formen sind zusammengesetzt aus pot- und Formen von esse: pot-eram: ich konnte, pot-estis: ihr könnt. Wo die Formen von esse mit einem -s beginnen, tritt Assimilation ein: „pot-sum“ = possum: ich kann
➤	prodesse – prosum – profui (nützen)	Formen sind zusammengesetzt aus prod- und Formen von esse: pro-sumus: wir nützen, pro-sit: es nütze! Wo zwei Vokale zusammentreffen, schafft -d- eine Sprechverbindung: pro-d-es: du nützt, pro-d-eram: ich nützte.

velle – nolle – malle

velle – volo – volui: wollen
nolle – nolo – nolui: nicht wollen
malle – malo – malui: lieber wollen

➤ **Formen des Präsensstamms**

Indikativ Präsens:	volo	vis	vult	volumus	vultis	volunt
	nolo	non vis	non vult	nolumus	non vultis	nolunt
	malo	mavis	mavult	malumus	mavultis	malunt

Indikativ Imperfekt: volebam, volebas etc. / nolebam, nolebas etc. / malebam, malebas etc.
Futur I: volam, voles etc. / nolam, noles etc. / malam, males etc
Konjunktiv GZ I: velim, velis etc. / nolim, nolis etc. / malim, malis etc.
Konjunktiv GZ II: vellem, velles etc. / nollem, nolles etc. / mallem, malles etc.
Imperative: nur: noli! nolite!

➤ **Formen des Perfektstamms**

regelmäßig gebildet mit den Perfektstämmen volu- / nolu- / malu-
z. B. volu-era-mus: wir hatten gewollt; malu-it: er wollte lieber; nolu-isse-t: er hätte nicht ... wollen

➤ **Infinitive**

Gleichzeitigkeit: velle – nolle – malle
Vorzeitigkeit: voluisse – noluisse – maluisse

➤ **Partizipien**

Gleichzeitigkeit: volens, volentis (wollend) bzw. nolens, nolentis (nicht wollend)

Verba defectiva

Verba defectiva (unvollständige Verben) sind Verben, die keine vollständige Stammreihe bilden, also nur Formen innerhalb bestimmter Zeitstufen bzw. überhaupt nur Einzelformen bilden. Dazu zählen:

➤ **Verben, die nur einen Perfektstamm besitzen.** Diese Verben bezeichnen meist einen Zustand der Gegenwart, der aus einer Handlung der Vergangenheit resultiert. Memini: ich habe mir ins Gedächtnis gerufen = ich erinnere mich.

memini: ich erinnere mich	➪ memineram: ich erinnerte mich	meminero: ich werde mich erinnern
	➪ meminisse bildet die Imperative:	memento: erinnere dich, denke daran mementote: erinnert euch, denkt daran
odi: ich hasse	➪ oderam: ich haßte	odero: ich werde hassen

➤ **coepi: ich habe angefangen**

➤ **inquit: er, sie, es sagt, sagte**
(in die wörtliche Rede eingeschoben) ➪ im Indikativ Präsens gibt es die Formen inquam – inquis – inquit – inquimus – inquiunt

➤ **aio: ich behaupte** ➪ im Indikativ Präsens gibt es die Formen aio – ais – ait – aiunt
im Indikativ Imperfekt werden alle Formen gebildet: aiebam, aiebas etc.

➤ **quaeso: (ich) bitte**
quaesumus: (wir) bitte(n)

Verben sind konjugierbare Wörter, die ein Handlungsgeschehen enthalten

➤ **Informationen einer Verbform:**	→ **I 47**	Subjekt: Person und Numerus	⇨ veni**mus**: **wir** kommen
		Tempus: zeitliche Zuordnung	⇨ veni**eba**mus: wir **kamen**
		Genus: Verhaltensrichtung	⇨ mitti**tur**: er / sie **wird geschickt**
		Modus: Aussageweise	⇨ veni**re**t: er / sie **käme**, cum veniret: als er / sie kam
➤ **Bestandteile einer Verbform:**	→ **S 85**	Stamm	⇨ **da**-t: er / sie gibt ; **ded**-i: ich gab
	→ **A 18**	Aussprechvokal	⇨ mitt-**u**-nt: sie schicken
	→ **Z 102**	Zwischenelement: Modus / Tempus	⇨ veni-**a**-m: ich **werde** kommen
	→ **P 74**	Personenzeichen	⇨ veni-**s: du** kommst
➤ **Zusammengesetzte Verbformen:**	→ **P 71**	Passiv Perfekt	⇨ datum est: es ist gegeben worden
		Passiv Plusquamperfekt	⇨ datum erat: es war gegeben worden
		Passiv Futur II	⇨ datum erit: es wird gegeben sein
➤ **Verbgruppen (Konjugationen):**	→ **A 19**	a-Verben	⇨ **vocá**re: rufen
	→ **E 28**	e-Verben	⇨ **ridé**re: lachen
	→ **I 49**	i-Verben	⇨ **audí**re: hören
	→ **K 58**	konsonantische Verben	⇨ **mítt**ere: schicken
	→ **M 62**	Misch-Verben	⇨ **cáp**ere: fassen (cap-i-o)
	→ **U 95**	unregelmäßige Verben	⇨ **férre:** tragen
	→ **V 97**	Verba defectiva	⇨ **odísse:** hassen

Wortarten

Wir unterscheiden drei Gruppen von Wörtern:

➤ **Nomina** (Singular: Nomen)**: deklinierbare Wörter**	
Substantiv: Hauptwort	⇨ murus: die Mauer, eine Mauer
Adjektiv: Eigenschaftswort	⇨ pulcher, puchra, pulchrum: schön
Pronomen: Fürwort (= Ersatzwort)	⇨ is, ea, id: er, sie, es
Numerale: Zahlwort (nicht alle Numeralia sind allerdings deklinierbar!)	⇨ tres, tria: drei
➤ **Verba** (Singular: Verb)**: konjugierbare Wörter**, die ein Handlungsgeschehen beinhalten	⇨ cantare: singen
➤ **Partikel: unveränderliche Wörter**	
Adverb: Umstandswort (der Art und Weise, des Orts, der Zeit usw.)	⇨ hodie: heute
Präposition: Verhältniswort (auf, in, nach usw.)	⇨ contra ...: gegen ...
Konjunktion: Bindewort, das zwei gleichwertige Teile miteinander verbindet	⇨ atque: und; aut: oder
Subjunktion: Bindewort, das einen Neben-Satz mit einem Basis-Satz verbindet	⇨ si: wenn; antequam: bevor
Interjektion: Ausruf	⇨ vae: wehe!

Zahlwörter

		Grundzahlen	Ordnungszahlen
I	1	unus, a, um	primus
II	2	duo, ae, a	secundus
III	3	tres, tria	tertius
IV	4	quattuor	quartus
V	5	quinque	quintus
VI	6	sex	sextus
VII	7	septem	septimus
VIII	8	octo	octavus
IX	9	novem	nonus
X	10	decem	decimus

		Grundzahlen	Ordnungszahlen
XI	11	undecim	undecimus
XII	12	duodecim	duodecimus
XIII	13	tredecim	tertius decimus
XIV	14	quattuordecim	quartus decimus
XV	15	quindecim	quintus decimus
XVI	16	sedecim	sextus decimus
XVII	17	septendecim	septimus decimus
XVIII	18	duodeviginti	duodevicesimus
XIX	19	undeviginti	undevicesimus
XX	20	viginti	vicesimus

		Grundzahlen	Ordnungszahlen
X	10	decem	decimus
XX	20	viginti	vicesimus
XXX	30	triginta	tricesimus
XL	40	quadraginta	quadragesimus
L	50	quinquaginta	quinquagesimus
LX	60	sexaginta	sexagesimus
LXX	70	septuaginta	septuagesimus
LXXX	80	octoginta	octogesimus
XC	90	nonaginta	nonagesimus
C	100	centum	centesimus

		Grundzahlen	Ordnungszahlen
CC	200	ducenti, ae, a	ducentesimus
CCC	300	trecenti, ae, a	trecentesimus
CD	400	quadringenti, ae, a	quadringentesimus
D	500	quingenti, ae, a	quingentesimus
DC	600	sescenti, ae, a	sescentesimus
DCC	700	septingenti, ae, a	septingentesimus
DCCC	800	octingenti, ae, a	octingentesimus
CM	900	nongenti, ae, a	nongentesimus
M	1000	mille	millesimus
MM	2000	duo milia	bis millesimus

Distributivzahlen: singuli, ae, a: je einer; bini: je zwei, terni: je drei ....
Zahladverbien: semel: einmal; bis: zweimal; ter: dreimal; quater: viermal; quinquies: fünfmal ...

Zeitverhältnisse

Jede Äußerung steht in einem Zeitverhältnis zum (realen oder fiktiven) Sprech- oder Schreib-Zeitpunkt. Bei der zeitlichen Zuordnung der Handlung N (Nebenhandlung) zu der Handlung H (Haupthandlung) gibt es drei Möglichkeiten eines Zeitverhältnisses:

➤ **Gleichzeitigkeit:** Handlung N spielt sich zeitgleich zur Handlung H ab: Mein Bruder schrieb, er sei krank.

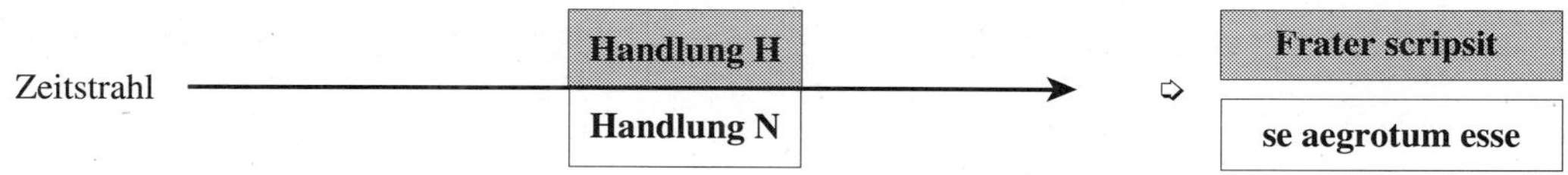

➤ **Vorzeitigkeit:** Handlung N liegt zeitlich vor der Handlung H: Mein Bruder schrieb, er sei krank gewesen.

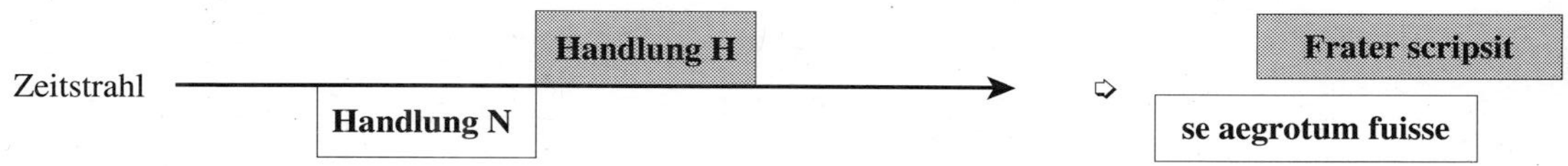

➤ **Nachzeitigkeit:** Handlung N liegt zeitlich nach der Handlung H: Mein Bruder schrieb, er werde kommen.

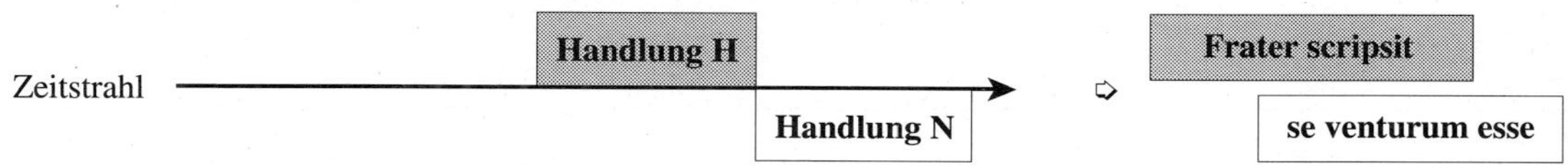

Zwischenelemente einer Verbform

Die Zwischenelemente einer nicht zusammengesetzten Verbform geben Informationen zu Modus und Tempus:

➤ Indikativ Präsens	**ohne Informationszeichen**	⇨ ride-tis
➤ Konjunktiv GZ I	**-a-** (bei a-Verben wird **-a-** durch **-e-** ersetzt)	⇨ mitt-**a**-t voc-**e**-mus
➤ Indikativ Imperfekt	**-ba-** (bei kons., Misch- und i-Verben: **-eba-**)	⇨ voca-**ba**-m pet-**eba**-t
➤ Konjunktiv GZ II	**-re-** (bei konsonantischen und Misch-Verben: **-ere-**)	⇨ voca-**re**-s cap-**ere**-t
➤ Indikativ Futur I	**-b-** bei a- und e-Verben **-e-** („ich“: **-a-**) bei kons., Misch- und i-Verben	⇨ voca-**b**-or audi-**e**-nt (mitt-**a**-m)
➤ Indikativ Perfekt	**ohne Informationszeichen**	⇨ vocav-i
➤ Konjunktiv VZ I	**-eri-**	⇨ mis-**eri**-mus
➤ Indikativ Plusquamperfekt	**-era-**	⇨ cep-**era**-tis
➤ Konjunktiv VZ II	**-isse-**	⇨ audiv-**isse**-nt
➤ Indikativ Futur II	**-eri-** (bei „ich“ nur **-er-**)	⇨ ven-**eri**-tis (ven-**er**--o)

Inhalt nach Sachgebieten

Inhalt nach Sachgebieten